出发和遇见

毕淑敏

中国青年出版社

目 录

第 *III* 辑

一束诞生于生命内部的光

所有燃烧发光的生命，都来自祥和温暖之心，此地就是你静思和与上天沟通的妥帖之处。

第 *IV* 辑

第二个太阳栖息的地方

凡是自然的东西，都是缓慢的，太阳一点点升起，一点点落下，花一朵朵地开，一瓣瓣地落下，稻谷成熟，菩提树变老，都慢得很啊。

第 *V* 辑

最美的风景在阿里

当我们没有出发的时候，期望着与最美好的世界相遇，不辞万里。等我们从远方回到家里，才发现这个世界最美好的地方，就在我们咫尺相遥的指尖。

代序

我们的生命来自海洋

连续的航海，海如同一本又一本打开的书。深夜，走上甲板，突如其来有一种想跳入海中的冲动。我不恐慌，但是好奇。刚开始以为只是我个人的幻觉，后来问了好些人，居然都有这样的时刻。想啊想，终于明白。我们的生命是来自海洋的，在每一个细胞里，都储存着对于海洋的眷恋和记忆。在某些特定场合，它魔咒一般复活，押解我们的身心如人质——回到远古。

黄昏黎明时分，在海中央看海，大海苍天，只有你一人夹在其中，天人合一之感，醍醐灌顶。船是一种特殊的载体，当它蹒跚大海之腹，远离陆地，自身比例小到可以忽略不计。放眼四野，围绕眼帘的都是圆滑到无可挑剔的海平线，凡俗的世界早已悄然遁没。

所有曾经的烦恼，芜杂的人际关系，不堪回首的悲苦，还有层出不穷的愿望，都像被船桨切断的海草，漂浮而去。只有让人灵魂出窍的蔚蓝色，由于深达几千米的摞叠，化作了近乎黑色的铁幕，襁褓一样包裹着生灵孤寂的肉体和灵魂。

当什么都不存在的时候，有一种关于存在的思维，就会活跃。

夜幕下的海，纯净剔透的黑与蓝，天幕是银光烁烁的星。你只想爬上星辰，将尖锐的星芒直抵掌心，感受那种冰凉的刺痛。任何认为星辰是不可以爬上去的常识，都是谬说。你无比孤独，而且绝望地发现，它是不能战胜的。

人生真是太渺小了，和时间相比，和夜色相比，和海洋相比……哪怕是一朵浪花，也比人更长久。它永不疲倦地涌动着，没有死，也没有生。或者说它们无时无刻不在死亡之中，也无时无刻不在襁褓当中。你不能说一朵浪花死了，就像你不能说一朵浪花是在何处诞生。

必先确立了人生的虚无，然后才能确立人生的意义啊。

你想知道什么是彻头彻尾的虚无吗？你想死心塌地灰心丧气吗？你想就此归去，把人生来一个总结，有一个新的开始吗？你想从此不惧死亡，兴致勃勃地走到人生的终点吗？如果你的回答是：是，那我向你推荐一个地方，可以帮助你解决上述的问题，那就是——海洋深处。

当然了，我这个深处，说的不是大海的底层，那不是我们寻常人等去得了的地方。深处，是海的胸膛之上，在渺无人烟的苍茫波涛之内，思索。

是的，波涛之内，而不是波涛之上。

法国17世纪最具天才的数学家、物理学家、哲学家帕斯卡尔，曾将人定义为：“无穷大和无穷小之间的一个中项。”不。在理论

科学和实验科学两方面都做出了巨大贡献的帕斯卡尔，这一次说错了。没有中项。人只是无穷小，海洋是无穷大，风暴是无穷大。

没有任何表情的海，自在博大，放任不羁。你从那里领受生命大道若简的意义。作为一个巨大的偶然，我们降生人间。我们所能具有的唯一能量，就是有目的地向着一个既定的方向前进。这个方向，在哪里呢？

在航行上，辽阔水面尽收眼底，澎湃海浪不停肆虐，你无可逃遁地得出一个答案。海洋上，人会变得极其单纯，完全丧失了思索的能力。并不是悲哀，海洋以它的无与伦比的壮阔，已经给出了答案，不必我们这些渺小的生灵再来费劲地思考。

一朵浪花，要是离开了海洋，片刻之间就会萎缩。时间之短，我相信任何一种陆地上的短命花卉，都会比它开得长久。太阳会晒干它，烈风会吹飞它。鱼会把它吞入腹中，云会把它吸走。雾会把它裹挟而去，雨会把它当作自己阵营遗失的一滴。蚌会把它摩挲成珍珠的雏形，人会把它当作坠落的眼泪，咸而且苦……

一朵浪花，让自己永不枯萎的秘诀只有一个，那就是汇入一个

丰饶的集体中。很多浪花聚集在一起，成就波峰浪谷，托起巨轮，掀起风暴。可以永不止息地歌唱，可以没有开端也没有结尾地走来走去，可以在1000次毁灭后获得1001次重生。

人的生命也是一样的。就其个体来说，多么惨淡啊！连一朵浪花也比不上。浪花们互相紧密连接着，你无法将一朵浪花和另外一朵浪花相分离，它们从本质上密不可分。它们先天的属性，使它们从不孤独。但是，人却不行。人有皮肤，在皮肤之里，是自我的界限，在皮肤之外，是他人和自然的范围。人必须有意识地走出自己的皮肤之外，和同伴找到精神上的依存关系。这种依存，不单单是互相帮助，而是本质上使自己一生不再渺小不再脆弱的唯一法宝。

海洋是一所大学，教会我们生命的感悟。浪花就是教授了，无数位，虽无职称，但日夜授课，永不言倦。

海洋带着一种永恒的苍凉，把你关于这个世界的所有表浅认识，都颠簸着飞扬起来，发生碰撞和杂糅。举目四望，你是如此的孤独，天空和水永远在目光的尽头缝缀在一起，包围着你，呈现出博大的哀伤。你知道自己是一定要灭亡的，而大海则永远存在。

绕地一圈走过来，深刻感觉到，地球人，都是住在一套单元房里的亲戚。有些人富一点，有些人穷一点，但大家从骨子里来说，大同小异。平等不是一个谁赐予谁的施舍和空话，而是一种生物进化的必然。

你祸害了中南美的森林，你就是糟蹋了自家的后院。你掠夺了亚洲的财富，就是亲手把船凿下一块板。你喷出越来越多的二氧化碳，是在自家放火，屋顶已经烧出了一个洞……

大自然大智若愚，它什么也不说，只是把你们紧紧地连接在了一起。有难同当，有福同享。它公正并且——冷酷，如果不觉醒，等待的就是灭绝。地球上的人类，只有自己救自己。那种以为靠着掠夺他国人民，以维持自家超级繁荣的美梦，有些人已经酣然不觉地做了好多个世纪。如今，21世纪刺眼的光照，不客气地把他们唤醒。

世界绝非我们想象的那样广大，在某种意义上讲，它脆弱到不堪一击。

所有的海水都是相连的，在广阔的洋面上，我们无法区分这一滴水是来自大西洋还是印度洋。海鸟是没有国界的，海豚是没有国界的，海草是没有国界的，污染也是没有国界的。最后买单的是全地球的生灵，无论你是发展中国家还是发达国家，在污染面前，人人平等。

喜欢海上的风，将云彩搅散的声音，还有海豚跳起的噗噗声。温暖远在乌云之上，你感受不到，但你要坚信。亲身体验能使人确立世界观并因此改变行为。人类已融合在一起，悍然难分，像海在海中，风在风中，基因在基因中。

毕淑敏

2014.11.12

第 I 辑

旅行，去看一朵奇异的花

花开的灿烂，
并不是为了花落的凄楚，
而是为了果实的金黄。
做一朵花，
是在这绚烂的世上风雨飘摇地走过，
还是在山野的绿叶下酣然？

01 北纬 66 度

北纬 66 度 33 分是地球上假设的一条线。一条非常重要的线。为什么这样说？因为这是北极圈的标志。在这个纬度之上，就进入了广袤荒凉的北极。

冰岛的国土有很大部分在北极圈以内，我们问有何特产值得一买？当地导游是入了籍的华人，咂着嘴说，冰岛的物价很贵，日用品基本上都是从欧洲运来的，除了鱼类制品和蓝湖的火山泥化妆品，别的就不必买了。如果你一定要买点东西做纪念，就买冰岛各式各样的钥匙链吧，虽然也不便宜，毕竟还能承受得了。

我在冰岛看中了一样东西，叫作“高山之巅”。它像一听可口可乐，铝质小罐，密封，很轻。拿在手里，好像是空的。弹一弹，声音虚怀若谷，还

真是空的。其实它千真万确就是空的，如果我们回到“空”的本意上来。原来，罐子里盛装的是冰岛高山之巅的空气。还有的罐子里装的是冰川之上的空气，想必更寒冷清冽一些吧？

计算了一下价钱，每罐空气约合人民币70元，不知道拉开罐盖大口吸入，能不能保持一分钟？从实用的角度来看，价值几乎是零，但按照我的喜好，会买下来。我一厢情愿地认为，人到过一些地方，由此所产生的思绪需要附着在一些物件上面，就像人的肌肉要长在骨骼的关节之上，才能屈仰自如。没有了可以伸缩的基点，记忆岂不变成了一堆肉馅？买不买呢？

罐装冰岛的空气，就忍痛割爱了。

我没有买冰岛的钥匙链。我已退休，只有一把家门的钥匙，不必这样烦琐。我没有买冰岛的鱼制品，路途迢迢恐生腐臭。我也没有买冰岛蓝湖的火山泥润肤品，东方人的体质可能水土不服。

一日，气温骤降。来自北极的冷酷寒气刺入每一个毛孔，我们瑟瑟发抖，将所有的御寒服装披挂在身。有的人干脆一双双把连裤袜重复套上，腿粗如象，增强保温能力。

当我们蜷成一团尽量缩小自己散热体积之时，

导游小伙子面色红润手舞足蹈，毫不惧冷。我们就说，到底年轻。又说，一定是冰岛的生猛海鲜吃多了，火力壮。

导游揪着自己的衣服说，你们说的，其实，不是。全凭的是它。

一件淡蓝色的夹克，毛茸茸的，样式不错，但也说不上多么时髦，初看和咱们的腈纶粒绒服装没有太大的差别。导游示意我可以用手摸摸。接触了实物，高下就立分出来。导游的夹克非常细软，料子柔若无骨，丝般顺滑。

我说，这叫什么东西？

导游说，北纬66度。

我说，不是问牌子，是问材料。

导游说，这我也不大清楚，冰岛本地人称它为羊羔绒，是一种合成纤维面料，保暖性能非常好，我叫它火龙衣。你知道咱们中国的民间故事中说有一种衣服，寒冬腊月天能把人热得满头大汗，就是它了。

我疑惑地说，不是吧？故事里的火龙衣可不是一件真的衣服，是穷苦人不停地干活，用汗水抵挡严寒。火龙衣是编出来骗地主老财的。

导游笑道，可能出国的时间长了，我记不大清楚了。我说的火龙衣，完全是正面的意思，表扬它抗寒性特别好。在冰岛以外的地方，我还真没看见过这种衣服，也许别的地方没有这里冷，不需要开发这种抗寒衣料吧。你若问冰岛有什么特产，

在格陵兰岛“亲近”北极熊

这北纬66度就是当地的名牌了。

所言不虚。在所有的旅游商店里，都悬挂和摆放着各种颜色和款式的“北纬66度”，目不暇接。特别是那些童装，雪白粉紫、青翠碧蓝、金红鹅黄……看一路，连眼光都暖起来。柔和轻盈，似乎只能穿戴在天使身上。

我痛下决心，对导游说，我要买一件北纬66度。

导游说，买吧，你回国后一定觉得物有所值。买哪件，我帮你参谋。

我说，不好意思，我不想在旅游店里买。到冰岛人日常买东西的商店去，可以吗？

我打了两个算盘，一是物价会比较便宜。二是我想看看当地居民购物的场所。如果你想了解一个地方的风土人情和百姓们的生活状况，商店是一定要去的。看看柴米酱醋盐的标价，

比什么官方介绍都更入木三分。

导游答应了，带我们进了冰岛首都雷克雅未克最大的商场。购物条件非常好，明亮温暖宽敞，和北欧的其他国家差不多，唯一不同的是物价更贵。大致浏览一圈之后，我一头扎进了北纬66度的专柜。挑来拣去，为先生选中了一件夹克衫。藏蓝色，式样很大众化。

回到家中，我献宝似的拿出“北纬66度”，先生试穿之后，非常合适，颜色也正是他所喜爱的。闻听了价钱之后，山河变色道，太贵了。以这个钱数，到小商品批发市场，最少可以买到10件。

我相信他说的是实话，也不分辩。只是默默地等待着。冬

大到了，北风起了。北京的二九时分，很有几大北风萧萧。我请他穿起北纬66度。第一天回来，先生就说，这个衣服是值这个钱的。

我不语。以德报怨。

说起旅游购物，还有一件小事留在记忆中。

芬兰首都赫尔辛基，是个美丽的以白色为基调的城市。导游介绍道，如果两个人手拉着手，并且平伸着另外的臂膀，在人行道上前行500米，不会被人从对面走过来打断。这说法乍一听有点费解，想想方才明白。两人并排平伸胳膊携手，体宽再加上双臂展幅占地就在3米之上，走了许久还碰不到人，说明赫尔辛基道路宽阔行人寥寥。

赫尔辛基空气极其清新，据说可吸入颗粒物的含量是“0”。我问导游，此地有什么好东西？那是一个中国籍的小姑娘，说，这里好东西多了，只是道路宽阔和空气新鲜，带不走的。剩下的最好东西，我看是驯鹿皮。

喜欢那个喜气洋洋的老头。戴着垂肩的红软帽，裹着窝窝囊囊的红皮袍。脚蹬结结实实的长筒靴，满头银发和垂到腰际

的胡子好像在比赛谁更白更亮。最重要的是，他不辞劳苦地扛着无数个红袋子，里面楦满了送给人们的礼物。

这老汉就是大名鼎鼎的圣诞老人。在白雪皑皑的冬夜，这个上夜班的老爷爷，拜访千家万户，送去祝福和快乐。

老人岁数大了，扛着大包袱走路太辛苦了，速度也慢，会让渴求礼物的小孩子们等到很晚。天黑雪滑，他老眼昏花又没有驾照，肯定是开不成车。礼物又多又沉，没法骑自行车，用

什么代步？

圣诞老人爬上了雪橇。谁来拉雪橇啊？八只驯鹿！

我很小的时候，听到了这个故事，从此对圣诞老人感情倒还一般，只知道他是个外国人。那时候中国人对所有的外国人，除了苏联人之外，都有疏离之感。唯有对那八只拉着雪橇的驯鹿充满神往，想想吧，在漆黑的雪夜里，只有从林间隙透过的点点星光，八只浑身布满美丽斑朵的长角驯鹿，眼睛里充满安详和赶路的兴奋，宽大的蹄子在冰雪上渺无痕迹地掠过，皮毛被掠起的风吹得纷披而下，像一道褐色的闪电擦过雪原……

关于驯鹿，我们还知道些什么？

导游是个美丽的中国女留学生，名叫佳佳。佳佳以前在国内的时候，曾看过我的作品，接机的时候认出我，我们从此十分友善。她告诉我说：“驯鹿”一词源于印第安语，意思为掘地觅食的动物。驯鹿是异常勇敢的生灵，生活在北极圈附近，雌鹿体重可达 150 多公斤，

雄鹿较小，为90公斤左右。雄雌鹿都生有一对树枝状的犄角，可达1.8米，每年更换一次，旧角刚刚脱落，新的就开始生长。驯鹿不但雄鹿有鹿角，雌鹿也长鹿角。为什么如此？是由客观生存条件决定的。北极气候严寒，植被稀疏。怀孕的母鹿为了抢到更多的地衣、草根、苔藓等食物，需要跟强壮的同伴们争抢，只能巾帼不让须眉地长出角来。

阿拉斯加冰原地区冬季气温可降至华氏零下60度，为了抵御寒冷，驯鹿不仅全身覆盖皮毛，连嘴鼻部都长有浓密的须毛。

驯鹿虽然温顺善良，却并非人工驯养出来的，由北欧拉普人管理的驯鹿是大范围圈养的。

驯鹿毛很有特点。长毛中空，充满了空气，不仅保暖，

游泳时也增加了浮力。贴身的绒毛厚密而柔软，就像是穿了一身双层的皮袄。

驯鹿群每年都要进行一次长达数百公里的大迁移，遇山翻山，逢水涉水，勇往直前，前仆后继，万死不辞。春天一到，它们便离开赖以越冬的亚北极森林和草原，沿着几百年不变的既定路线往北进发。

北极圈西部一带生活着 50 多万只驯鹿，庞大的种群里每年春季都会有数万只母鹿即将临产。地衣草根等食物所含养分较少，数量也很有限，根本无法满足孕鹿所需的营养。为了确保自己的孩子出生在食物充足的地方，让亲爱的孩子身强体壮、在返乡的路途中能够存活，勇敢的孕鹿一刻也不敢耽搁，在白昼刚稍见增长的 2 月初，就最先踏上迁移的征途。

总是由雌鹿打头，雄鹿紧随其后，浩浩荡荡，长驱直入，日夜兼程，边走边吃，匀速前进，秩序井然。

驯鹿们沿途脱掉厚厚的冬装，生长出新的薄薄的长毛。绒毛掉在地上，正好成了天然的路标。年复一年，不知已经走了多少个世纪。

它们从阿拉斯加东部的苏瓦半岛出发，平原的尽头，宽阔的库伯河横亘在驯鹿的面前。这是驯鹿们需要逾越的第一道天然屏障。正常情况下，驯鹿们可以趁着结冰期过河，如果春天提早来临，河面出现大规模破冰，融冰使河水暴涨，它们只能冒险。大多数母鹿都有察觉冰层薄厚的本领，会谨慎地挑选一条安全路线。年轻母鹿缺乏过河经验，有的会掉入冰河。尽管驯鹿善于游泳，可是冰河的温度很低，游累的母鹿会爬上浮冰歇息。浮冰顺流而下，可能将疲乏的母鹿带离群体，也可能让其迷失方向，最后溺死。

逃过冰河之劫的母鹿们以为可以暂时喘息一下，没有留意身边还有另一个会走动的危险——它们的天敌大灰熊结束冬眠了，正需要填饱空了一冬的肚子。

牺牲了几个大意的同伴之后，其余的孕鹿们开始翻山越岭，进入另一阶段的征程。野狼在这里成群出没，危险无时不在。

天气变暖了，苔原地区进入产期的动物不只是驯鹿，南方野狼也快要当妈妈了。对于驯鹿来说，野狼捕食量大增当然不是好消息。要想到达目的地还要翻过布鲁克斯山脉、越过尤塔卡河，可是孕鹿顾及不了这些，它们马上就临盆了。

幼鹿出生后几小时就会直立、行走，一天之内奔跑的速度就会超过人，在很短的时间内就会自己觅食。拥有如此迅速的生长速度，是大自然赋予幼鹿的独特法则，它们必须尽快强壮起来，跟着妈妈一起逾越尤塔卡河。

6 月的苔原地区进入了短暂的夏天，到处都是绿油油的青草和盛开的野花，在各种维生素和氮、磷脂的滋养下，幼鹿很快就会强壮起来。

最后一批来此的驯鹿一个月后才能享受到这些。跟先出生的幼鹿相比，落在后面的孕鹿生出的幼鹿就要弱小得多。

水面宽阔，有经验的母驯鹿知道幼鹿过河危险性很高，会挑选水流和缓的地方让幼鹿下水。相反，有些年轻的急脾气的母鹿会带小鹿逆流而上，致使幼鹿还未上岸就已筋疲力尽。湿淋淋的幼鹿无力上岸，母鹿再焦急也帮不上忙。体力差的幼鹿就此丧生，就算侥幸上岸，绵延数里长的驯鹿群已经走远，很可能落入大灰熊或者野狼的口中。

7 月的苔原雨水较多，地面上积存了很多水洼，滋生了大量蚊蝇。此时的驯鹿已经长出了新的鹿茸。初生的鹿茸表面十分脆弱，里面含有大量血液，是蚊蝇围攻的主要目标。每天，每只驯鹿都会为此损耗一定的鲜血。

苍蝇最喜欢将蝇蛆生在驯鹿的鼻孔中，而蝇蛆将在其鼻孔中寄生。为了驱赶身上的蚊蝇，驯鹿不得不重新爬上布鲁克斯山脉，让山风帮忙。

8 月下旬，北极圈的头一阵冷风袭来。驯鹿深知这一讯号的含义：几周后大雪就会来临。雪困之前，它们必须离开。漫长的迁移之旅又开始了。

驯鹿肉是上好的食品，跟牛肉的味道差不多。皮可以用来缝制衣服，制作帐篷和皮船，骨头则可做成刀子、挂钩、标枪尖和雪橇架等，还可以雕刻成工艺品。

感谢佳佳的这番介绍，让我们对驯鹿多了了解，更多了敬佩。人是需要敬佩一些动物的，为了它们所具备的我们业已丧失的智慧和勇气。

敬佩演变成了尽快购买驯鹿皮毛的欲望。佳佳说，咱们就到南码头吧。

位于市中心参议院广场上的赫尔辛基大教堂及其周围淡黄色的新古典主义风格的建筑，是赫尔辛基最著名的建筑群。在大教堂附近，就是南码头。那里是停泊大型国际游轮的港口，北侧建有总统府。

总统府建于 1814 年，原是沙皇的行宫，1917 年芬兰独立后成为总统府。总统府西侧的赫尔辛基市市政厅大楼建于 1830 年，外观至今仍保持着原来的风貌。

南码头广场上有常年开设的自由市场。虽然是露天的，却找不出丝毫的杂乱与匆忙，处处洁净而整齐。在色彩缤纷的小

棚子底下，贩卖着花草、蔬果、食物、玛瑙、水晶、琥珀、芬兰刀具等手工艺品，色彩纷呈。当然最多的是新鲜鱼类，鱼鳞闪着紧致而幽蓝的光，磁白色的鱼眼炯炯有神地看着你。

找到一个出售皮毛的摊位，驯鹿皮堆满柜台。摊主是个年轻的小伙子，态度友善。我问佳佳，什么样的驯鹿皮算是好的呢？

她说，您是打算铺沙发还是挂在墙上？

我想这么清丽的驯鹿皮，若是垫在屁股底下，暴殄天物了。回答，挂在墙上。

佳佳又问，喜欢什么颜色？

我说，有分别吗？

姑娘说，白色的驯鹿皮最美丽，但很稀少，价钱昂贵。比较大众化的是咖啡色有白色斑点的那种。给圣诞老人拉雪橇的驯鹿，就是咖啡色的。

我说，那就要咖啡色。一是因为囊中并不宽裕，想那罕见的白色驯鹿皮，可能消费不起。二是我想看到真正拉过圣诞雪橇的那种驯鹿。

驯鹿皮比常见的羊皮要大，毛也要长一些，稍显粗硬，但很有弹性。在浅褐色的底子上，有椭圆形的白色斑点，好像没有融化的大朵雪花。驯鹿皮保温性能特别好，芬兰人冬天坐在河边砸开冰洞钓鱼，屁股底下垫一张驯鹿皮，根本不会受寒得老寒腿什么的。听说驯鹿奇特地实行着双重体温，小腿以下的温度要比躯干低 10 度左右。蹄子和腿经常埋在冰雪里，降低了温度就有利于体温的保存……多神奇！

我像扯旗那样撑开驯鹿皮，一张张翻看，想找到最有特色的皮毛挂在自己家中。

驯鹿的花纹气象万千绝无重复，我把预备精选的皮张放在一旁。佳佳便把它们翻转过来，审视背后的质地。我说，看后不看前，为什么？佳佳说，挑选驯鹿皮，毛色花纹固然重要，也要注意皮子的内在质量。每只驯鹿生前的营养状况不一样，受过蚊虻叮咬或受伤，就会在皮肤上留下小黑点，皮毛寿命就会受影响。只有那些最健壮的驯鹿皮毛，才光彩照人。

感谢佳佳教诲，我淘到了一张美丽的驯鹿皮。接下来的步骤就是谈价钱了。佳佳向笑眯眯地看着我们挑皮子的芬兰小伙子询了价，每张 60 欧元。

大约合人民币 600 元整。我小声问佳佳，能不能便宜一点呢？佳佳吐吐小舌头说，估计不成。他们通常是不还价的。佳佳虽然这样说了，还是又问了一遍。小伙子很友善但是很坚决地拒绝。

几位同行伙伴走了过来，看到驯鹿皮也很喜欢，就对佳佳说，我们也要买，多买几张是不是可以便宜些呢？

佳佳又一番紧锣密鼓地交涉，无功而返。小伙子笑眯眯地回了我们批发的建议。于是，我们每人都以 60 欧元的价钱买下了驯鹿皮。佳佳说，小伙子说，他的驯鹿皮是最便宜的了。后来到了其他地方，看到售卖驯鹿皮的商店，价钱在 70 欧元 ~ 90 欧元，也有卖到 100 欧元的，看来南码头的芬兰小伙子说得很实在。

02 丹麦的独腿锡兵

安徒生童话里，我喜欢《卖火柴的小女孩》，喜欢《海的女儿》，最喜欢的是《坚定的锡兵》。有的人把这篇童话的名字翻译成《坚强的锡兵》。相较之下，我还是更偏向“坚定”二字，那种对爱情奋不顾身的投入，还有死心塌地的一厢情愿，让人欷歔。

童话里的锡兵只有一条腿，真不知道他是如何通过了当兵的体检，成了一名肩扛毛瑟枪的勇士。书里给了我们一个解释，说是这个锡兵是最后一个被生产出来的，原材料不够用了，所以只有一腿。按照这个解释，锡兵就是先天性残疾了。锡兵历经种种磨难，从未改变对一位纸做的“小舞蹈家”的爱情，直到最后在火中凝结为一颗锡做的心。

当年读这篇童话的时候，就萌生了一个小小的愿望——得到一个小小的锡兵。那时候想得简单，以为既然是个著名的童话人物，就该到处有的卖，就像如今的唐老鸭米老鼠。屡屡搜索未果，才明白这锡兵是个小人物，并不芳草天涯。看来，要找锡兵，只有到他的老家丹麦了。

到了丹麦，先去看的是海的女儿塑像。雕像矗立在哥本哈根海滨公园的浅海处，身高 1.25 米。注意啊，不是说美丽的美人鱼身高只有这么矮小，而是因为她取了一个屈腿侧身的坐姿。如果站起身来，就是个高大的美女。再提供一个数字：据说塑像的体重是 175 公斤，今年已经有 93 岁了。

93 岁的小美人鱼，丝毫不改婀娜多姿的体态，青铜色的“她”坐在一块礁石上，容颜清丽，美丽的发辫垂在腰间，在身后紧贴礁石处，有一条仿佛还在滴着水珠的鱼尾。美人鱼周围能容人站立的地方很狭窄，礁石上又覆满了青苔，又湿又滑，稍不小心就会跌入海里，让你来个不情愿的海水浴。我们很规矩地排着队，依次跳上岩石，迎着光照相。砰砰啪啪乱响了一阵之后，突然有人说，这样照法，美人鱼最重要的部分就丢了。

照过的人吓了一跳，马上反驳说，你看，海水啊蓝天啊美人鱼啊，还有我啊，都照上了，什么都不缺的，肯定没丢掉任何东西。没照过的人就停下了踏上苔藓的脚步，眼巴巴地等候着下文，以防自己辛辛苦苦地蹦跳过去，反倒做了无用功。

发难的那位说，美人鱼啊美人鱼，你们只照了美人没有照上鱼。正面取景，好看是没的说，可惜没有尾巴。没有尾巴的美人鱼，人家还以为是一尊普通的欧洲少女像呢！

呵呵，尾巴！是的，美人鱼最重要的身份证明就是她的尾巴。尾巴里藏着她全部的秘密和痛苦，当然，也有奉献和快乐。

于是大家重新来过。

听说这座美人鱼雕像，早已不是丹麦雕塑家爱德华的原作。美人鱼曾多次遭到破坏，身首异处。政府为防悲剧重演，现在用的是仿制品，原作早被国家博物馆收藏。

听说每年有超过100万的游客和美人鱼合影，有的游客还爬到美人鱼的身上，做出不雅的动作。政府准备把美人鱼的塑像搬到深海去，这样游客们就只能远远地眺望美人鱼的身姿，呆呆地面朝大海，从海风的呼啸中，去想象美人鱼所经受过的刺骨寒冷、锥心痛苦和致命浪漫。

记得小时候给孩子们讲《海的女儿》，孩子对坚贞的爱情似乎不大能体察，只是为美人鱼不能说话而万分苦恼。孩子问，美人鱼没上过学吗？

我说，这和上学有什么关系呢？

孩子说，就算美人鱼嗓子哑了说不出话来，可以写一个字条给王子啊，王子一看不是全都明白了？

我张口结舌，只好说，海底是没有学校的。

孩子穷追不舍，说，那她爸爸可以教她啊。她爸爸不是国王吗？国王肯定会写字的，要不怎么能当国王？

我急中生智，总算想到了一个解释，我说海底王国和人间使用的不是同一种文字，是外语，就算是美人鱼给王子写了纸

在西班牙隆达小镇

条，王子也不认识……

惊出了一身汗，才把这段公案应对过去。想想看，如果至善至美的小美人鱼都可以是文盲，早就厌学的孩子们，理由和狡辩一定更多了。

看完了海的女儿，就该去看她爸爸的雕像了。美人鱼的爸爸不是海底的国王，而是丹麦伟大的文学家安徒生。

丹麦到处都有安徒生的雕像，我最喜欢的是哥本哈根市市政厅南侧那尊青铜像。早知道安徒生相貌不佳，做好了看到一张难看的脸的准备，但这座塑像一点都不丑。晚年的安徒生表情安详，头戴一顶18世纪流行的绅士高筒礼帽，拄着一根手杖，有一种若隐若现的沉思和羞怯，据说这是按照1875年安徒生70岁时的样子设计的。游客们纷纷爬上台阶，和铜制的安徒生合影。因为塑像高大，一般的人站在那里，只能到达安徒生的腰际。据说摸到“安徒生”的手、膝盖或是裤脚和鞋子，都可以沾到大师的灵气。这些常常被游客汗手所摩挲的地方，油亮而紫红，好像这些部位镶上了红色的补丁。

这位把童话作为献给全世界儿童最好礼物的大师，自己始终不曾有过孩子，几度情场失意。15 岁那年他来到哥本哈根，一生中的大部分时光都是在哥本哈根度过的。

看完了塑像之后，就是寻找安徒生的故居。据说安徒生在哥本哈根住过不止 20 个地方，现在只把一部分开辟出来供游人参观，最具盛名的是在新港。

新港其实并不新了，早在 1673 年，当时的丹麦国王哈丁古斯二世为了实现“要让哥本哈根成为跟世界做贸易的城市”的诺言，下令开凿运河将朗厄里尼海的水引进哥本哈根。而在丹麦语中，哥本哈根就是“商人的港口”或者“贸易港”的意思。只是哈丁古斯二世国王并没能想到他的这一纯粹为了发展经济而进行的开凿，最终却成就了哥本哈根这座城市的诗情，以及安徒生的那些充满了幽默和幻想的童话。

新港狭长的港湾里停满了五颜六色的游艇和帆船，樯桅林立帆影摇曳。运河两岸伫立着当年码头工人以及琥珀商人和海员们居住的房子，每栋房屋的颜色都不相同，亮蓝、粉红、金黄、春草绿……在夕阳的余晖里，这些五颜六色已有几百年历史的老房子不可思议的年轻。街边是一排排支着太阳伞、座无虚席的露天酒吧，游人鼎沸。

坐在运河边长长的木头上，听着优雅的爵士乐，看穿梭在运河上的游船，一下子分不清到底是在21世纪还是在19世纪。据说因为施行严格的保护措施，这里的建筑和200年前没有丝毫区别。

这条街是安徒生的心灵栖息地。在街的路口有一尊安徒生雕像，雕像的铭牌上记载着安徒生曾分别于1834年至1838年，以及1848年和1875年，相继在这条街的20号、67号和18号居住并写作。在这里，他得到过戏剧家、诗人、贵族乃至国王的帮助和垂青，渐渐声名鹊起。只是不巧，20号故居正在修整，我们无法入内参观。在门口和林立的脚手架合影之后，我不停地向对岸眺望。我在寻找房屋与房屋连接的拐角处，我记得在《卖火柴的小女孩》中，那个可怜的小女孩冻饿交加，就是在一处房角划完了她所有的火柴。我想安徒生写作这篇童话的时候，一定想起了窗外的这些楼房。他坐在窗前，倾听着运河上叽叽鸣响的木帆船的摇橹声，看着河边酒吧里扯着嗓子不停地举着酒瓶子正在寻欢作乐的海员，想象着一把火柴像火炬一样燃烧……

在丹麦的街头徜徉，我还是念念不忘那个独腿锡兵。

我向导游述说心愿，问在哪里可以买到一个锡兵？导游说，克伦古堡。从此心中一直默念克伦古堡……克伦古堡……

好像小孩子买酱油醋，在走向商店的路上不停地嘟嘟囔囔，生怕忘却。

克伦古堡，位于哥本哈根北面海滨，建筑在岩石上，半截身子探进海中。几百年来，它一直是守卫哥本哈根的要塞，至今还保留着当时的炮台和兵器。

克伦古堡位于丹麦与瑞典之间最狭窄的海域，扼住了波罗的海的入口处，名字的意思是——皇冠之堡。这个古堡不仅因为战略地位重要而闻名，更因为它是莎士比亚名剧《王子复仇记》的发生地。历史上真实的“王子复仇记”，是丹麦内陆的故事，莎翁玩了个“乾坤大挪移”，将它搬到了这里。

为什么要移花接木？因为当年的克伦古堡之豪华雄冠北欧。早在15世纪，当时统治全北欧（包括丹麦、瑞典、挪威、芬兰和冰岛的“斯堪的纳维亚联合王国”）的丹麦国王艾力克便看中了赫尔辛格这个极具战略性的瓶颈地带，在此筑堡，向来往北海和波罗的海的商船征税，收取买路钱，约略等同于现今的高速公路收费站。北欧的海上贸易非常活跃，艾力克和他的继承人财源滚滚而来。赫尔辛格遂从一座渔村一跃成为名震欧洲的海港重镇。后来，丹麦国王费德力克二世娶了年仅15岁的表妹苏菲。为了给新王后提供一个舒适的居住环境，国王斥资把阴森湿冷的中世纪式样的克伦古堡，改建成文艺复兴式的豪华行宫。2000年，克伦古堡被联合国教科文机构列入世界古迹名单中。

然而，走进城堡，感受到的主体风格依然是阴暗和压抑的，虽然屋外阳光灿烂。跟着导游，可在古堡的四翼参观丹麦王族当年的会客厅、起居室、寝室等，看到皇室名贵的家具、摆设、日用品和餐具。古堡的庭院里还有一座精致的小教堂，以供王室成员之用。

比较振奋而有生气的是武士大厅，据说当年是费德力克国王为了讨好酷爱跳交际舞的苏菲而建造的舞厅。全长 63 米，为当时全欧洲最长的大厅，金碧辉煌，极负盛名。就是今天看起来，也还有不可一世的奢华之气。

古堡内除了大厅宽阔之外，到处都很幽暗，的确是发生幽怨故事和血腥政变的好地方。

导游特别提示要留意墙上的 7 张挂毯。初看起来，这些挂毯除了规模较大之外，并没有非常特别的地方。可是中国人对“大”，是有很强免疫力的，单凭体积来讲，还不足让我们惊奇。挂毯的主色调是咖啡色，不知是因为年代久远褪了色，还是皇室就喜欢如此黯淡的风格。在一派昏暗之中，在任何角度都可以看到挂毯中的某些部分在闪闪发光。据说这是金线的光芒，它们是用真正的纯金丝编织而成。

挂毯的主题基本上是人物，为丹麦历代国王和王室成员。当年无数人工不停劳作了整整 4 年，一共编织出了 43 张丝毯，每张的面积都是 12 平方米(3 米 ×4 米)。这些价值连城的挂毯，只有 14 张保存至今——哥本哈根的国立博物馆和克伦古堡各藏一半。

在《王子复仇记》里，有一段弄臣波洛涅斯躲在“帘”后，结果被哈姆雷特误杀的情节。有学者猜测，莎翁所说的“帘子”，其实指的就是这种挂毯。听到了这个说法，再看那些黯淡的挂毯，就有些悚然。

克伦古堡因莎士比亚而得大名，但只在城堡的外围，有一尊小小的莎士比亚像，令人有些费解。如果没有莎士比亚，没有《王子复仇记》，克伦古堡能有今天这样显赫的声名吗？查了一下资料，在世界十大著名古堡中，克伦古堡并未列在其中。如今在人们的心里，它毫不逊色地跻身于世界上最著名的城堡之列，恐怕不是因为并不算很大的“武士大厅”，也不是因为那些容颜沧桑的挂毯，而是因为一位作家的一支笔。

好在每年 8 月间，克伦古堡都会举行与莎士比亚相关的一系列活动。听说从 20 世纪初起便几乎年年举行《王子复仇记》的公演，许多著名的影剧演员如罗伦斯·奥利华、费雯丽和肯尼夫·布莱纳等，都曾在这里演出过。克伦堡里，有他们演出的巨幅剧照，很多游人在此合影。

在克伦古堡，可以远眺 4 公里外的瑞典小镇海兴堡。有段城墙很像哈姆雷特徘徊叩问的场景，不知他是不是在这里看到了鬼魂？这样一想，纵然是在烈日下，也生出阵阵寒意。今天丹麦和瑞典很友好，渡轮码头都不设海关，人们可自由来往。但在 15 世纪至 17 世纪，两国为了争夺波罗的海巨额利益的霸权，锲而不舍地打了 200 年仗。最残酷的海上战场，就在这里。

听导游说，莎士比亚自己也演过《王子复仇记》。我们忙问他莎翁扮演的是谁？导游说，猜猜看？有人猜是哈姆雷特，有人说估计莎翁没有那样高大英俊，可能演的是弑兄霸嫂的叔叔，还有人说他不会女扮男装演了美女或是皇后吧？看大家猜得辛苦，导游索性解开谜底：莎翁在戏中演的是鬼魂。

大家就笑起来，城墙就不恐怖了。

到现在为止，我还没有买到锡兵，甚至连一个锡兵的影子也没见到，不由得暗暗焦急。导游让大家自由活动，对我说，你跟我走吧。

下窄窄的楼梯，台阶之险峻，估计在数百年的历史里，一定把若干宫女摔得鼻青脸肿。好不容易走到一处旅游商品销售点，推开门一看，我不由得欢呼起来。

无数的锡兵列队站在玻璃橱窗中，个个雄赳赳气昂昂，好像在接受检阅。导游说，你挑吧。然后放下我，回去照顾大家。

这些锡兵都是朴实无华的金属色，仿佛暴雨前厚重的阴云。大的有一拳高，小的只有一厘米。戴着头盔，长满络腮胡子，目光炯炯。虽然形态不一，但每一个都精神饱满，荷枪实弹，随时准备上战场的架势。

我说，我要一个锡兵。

售货大妈（真的不能称为小姐，足有50岁了）拿出一个手持盾牌的锡兵，那张盾牌上刻着海扇贝的族徽图案，很是骁勇。

我摇头说，NO。

她又拿出了一个锡兵，这个锡兵没有拿盾牌，改成了一柄长剑，寒光凛凛。

导游已经走了，语言不通，我用手势比画着告知她，也不是这个。

大妈脾气不错，思忖起来。我指指锡兵的武器，然后做了一个射击的动作。她看懂了，拿出了第三个锡兵。

这次对了。这个锡兵不是拿着盾牌，也不是舞着长剑，而是提了一支枪。

可惜的是，这不是毛瑟枪，而是一支花里胡哨的短枪。

毛瑟枪是德国人毛瑟发明的一种长枪，在安徒生那个时代，是一种新鲜兵器，类乎今天的手提式导弹吧？安徒生发给锡兵一支毛瑟枪，除了他紧跟世界潮流之外，也说明安徒生实在是很喜爱锡兵，给他装备了最先进的杀伤性武器。

大妈再次思忖，我拼命比画，夸张地表现着枪支的长度，简直快把毛瑟枪形容成了大炮。大妈心领神会，终于从锡兵阵

营中，拎出了一个肩扛长枪的锡兵。

哈哈，终于大功告成了。这就是那个坚定的锡兵，扛着毛瑟枪，等待着他如火如荼的爱情。

大妈也很高兴，拿出一个精致的小盒子，要把锡兵打包。这时我突然发现了致命的错误——这个锡兵是健全的！也就是说，他的两条腿都完好无缺！这个锡兵——不是那个锡兵！

我急忙阻止了大妈的进一步包装，急赤白脸地说，我要一条腿的锡兵！

看着她茫然的神色，我知道她完全猜不透我的意思了。我急中生智，来了个金鸡独立：把自己的一条腿尽量地藏起来，晃晃悠悠地站在那里。以我的老胳膊老腿，完成这个动作并不轻松，踉踉跄跄几乎跌倒。

大妈终于恍然大悟，口中发出呜呜的声音，表示她完全明白了我的要求。我以为这一次大功告成了，但老人家拿出来的还是零件周全的锡兵，嘴里还不停地说着什么，脚下还摆动着。

可惜我听不懂，也不知道再如何表演，才能得到独腿锡兵。

正在百般为难之际，导游来找我，这才听懂了大妈的告白。原来游人们都喜欢买一条腿的锡兵，店里刚好断档了，最快也要几天后才能供货。目前，只能向我提供两条腿的锡兵。

怎么办呢？好失望啊。要么，就永远留下这个遗憾，让那个一条腿的锡兵活在记忆中。要么，就买下肢体健全的锡兵。

大妈冲着导游说着什么，导游却不忙着翻译给我，频频点头。我问导游，她在说什么？

导游说，她还在推销两条腿的锡兵。

我说，她具体说了些什么呢？

导游说，她说，真正的一条腿的锡兵其实并没有完成他的爱情理想，还在进行中。完成了爱情的锡兵，已经不存在了，和他心爱的人一道化成了一颗锡心。在人们心里，他就是个健全的锡兵。

我不知道这是不是一个非常成功的推销词，总而言之我被打动了。是的，一条腿的锡兵，只是他刚刚被制造出来时的模样，之后他就面目全非了。锡兵最完美的时刻在他融化的瞬间。

我最后买下了一个手脚健全的锡兵，肩扛着毛瑟枪。他是用那把锡汤匙子做成的 24 个完整的锡兵中的一员，我猜想在他的心中，一定怀念着那个同根生的兄弟，虽然他已经变成了一颗小小的锡心。

03 海盗多子嗣

听说我环球航海一周，很多女子最喜欢提的问题之一，居然是——你们遇到海盗了吗？有一个美丽姑娘居然说，如果我遇到了海盗，我就嫁给他！

我哭笑不得。天啊，这一路风尘仆仆艰难险阻，风大浪高九死一生。如果再遇到海盗，那岂不雪上加霜！

大家怎么对海盗这么感兴趣呢？我暗自好奇。

海盗，是指专门在海上抢劫其他船只的犯罪者，这可是一门相当古老的职业了。可以说，自有船只航行以来，就滋生了海盗这行当。特别是航海业发达的16世纪之后，海盗更是层出不穷。

在1691年至1723年这段时间，被称为海盗的“黄金时代”，成千上万的海盗出没在商业航线上，有许多伟大的政治家、探险家也都出身于海盗家庭，比如台湾郑氏王朝郑成功的父亲郑

格陵兰岛上号称世界上最大的邮筒

芝龙、英国探险家法兰西斯·德瑞克、10 世纪的丹麦国王哈拉尔德等。

海盗的标志是骷髅旗。一个骷髅加上两根交叉骨头的旗帜，让人望之丧胆。据说这个词其实是法语“非常红”的意思，海盗们用这个词来描述船桅上高高飘扬的血色旗帜。骷髅旗的作用是打心理战，将恐惧之箭深深射入海上猎物的心底。海盗们平时航海时，可能冒充任何国家的船只，悬挂任意国旗，他们称为“假色”。等到明火执仗抢劫的时候，要使用威慑恫吓之威的时候就悬挂“真色”，这就是骷髅旗。

在 18 世纪时，第一面海盗旗由艾曼纽韦恩船长在加勒比海升起。多数情况下，海盗在追逐猎物时，升起白色旗帜，表明身份——有时猎物会因此降下国王的旗帜而屈服。如果猎物拒绝投降，海盗们会升起黑白两色旗帜，表明穷追不舍的斗志。

若猎物继续逃窜，或是海盗船长过于残暴的话，红色旗帜会在桅顶飘扬，意思是血腥杀戮：一旦捕获猎物，不留任何活口。

如果说在陆地上的抢劫，还可以单打独斗，那么海盗必须具有团队精神，一个人是当不成海盗的，因为无法在大洋上驰骋。既然是团队，就要有协作精神，所以，海盗的规章是很严格的。

海盗的规矩通常都是写成条文，并由全体船员签名共同遵守。其中非常重要的项目，就是劫掠得手后的战利品分配原则。条文中还包罗了违纪者的处罚——当然都是极其严厉的。下面，允许我不厌其烦地引用一份1724年的海盗章程：

1. 每人都有选举权（还挺民主的。——我想）；

2. 人人公平，财产方面不得欺骗，违者放逐（讲究诚信。——我想）；

3. 禁止赌博（这条规定不错，估计主要是为了保证海盗们的团结和斗志昂扬。——我想）；

4. 晚八点熄灯，此后想喝酒的到甲板上去喝（按时作息，并留有一定的个人空间。——我想）；

5. 保持武器的整洁，随时可用（海盗们处于时刻准备着的状态，这对过往的和平船只是非常危险的。——我想）；

6. 男孩和女子不得加入队伍，若有船员带女子到海上，他将被处死（军中有妇人，士气恐不扬，古代无论中外，似乎在这一点上有共识。——我想）；

7. 延误战机者，处死或放逐（够严厉的。——我想）；

8. 船上不得互斗，争端到岸上用剑或手枪解决（这个船，一定指的是海盗们自己的船，在人家的船上，是拼死争斗的。——我想）；

9. 不得谈论改变生活方式的话题（所谓改变生活方式，就是有人不想当海盗了吧？——我想）；

10. 船长得两份战利品，炮手一份半，其他人等一又四（船长好像还不是太贪心。——我想）。

勇气与分赃规则等，我觉得都是不言而喻的。最不可思议的是“不得谈论改变生活方式的话题”。这就证明，你当了海盗，就要死心塌地走下去，这是一个行当，你不得退出。这是一种生活方式，从此成为你的命运。其中第 5 条：保持武器的整洁，随时可用。那么，海盗们用的是何种武器呢？

没有武器的海盗，就像没有鳍的鱼，根本无法生存。当时流行的武器是手枪和水手弯刀。这两样比较容易理解，另外就是匕首，主要用作突袭时的致命武器，在船上空间狭小、挥剑不便的地方也十分有用。

再一项专门的利器，就是登船斧。这东西的设计很巧妙，看起来貌不惊人，不过是铁板一块加上木柄而已，然而劲道很大，破坏力很强。登船时用来破坏商船的索具和网，手起斧落，马到成功。

火枪、手枪等，就是海盗的重武器了。不过，海盗们最主要的武器是水手刀。它呈弧状，劈砍时很有威力。水手刀并不需要有多么高深的技术，只要使用者骁勇并且靠得足够的近，它就威力无比。

除此以外，还有火炮。

当我在北欧海域遭遇飓风的时候，面对着铅灰色暴跳如雷的大海，我想，当年的海盗们一定也曾遇到过这种风暴吧？那时候，他们的日子如何过呢？

找到一份当年海盗们的食物清单，录在这里：

主食——发霉的面粉与米饭，腌乳酪；

菜肴——咸肉与鱼，蔬菜；

饮品——不新鲜的淡水，在太阳下暴晒了数星期之久的陈啤酒，蒸馏提取的白兰地，由白兰地、茶、柠檬汁与各种香料调制而成的奇怪混合饮品（加入柠檬主要是为了避免坏血病与佝偻病）；

水果——钉着铁钉的木菠萝，杧果，香蕉与苹果（钉上铁钉是为了在水果里加入铁质来防止贫血）；

非常时期的配菜——海鸟、猫、狗，老鼠与臭虫。

最有名的海盗，应该维京人莫属。

维京人生活在1000多年前的北欧，今天的挪威、丹麦和瑞典，当时欧洲人将之称为“北方来客”。维京是他们的自称，在北欧的语言中，这个词语包含着两重意思：首先是旅行，然后是掠夺。他们远航的足迹遍及整个欧洲，南临红海，西到北美，东至巴格达。其实，说是旅行，实在是虚伪的谦虚。维京人第一次在当地百姓面前出现时，都是以海盗的身份抢劫掠夺。

维京人个个都是强悍的战士，在战斗中异乎寻常的狂热，悍不畏死。因为人少，加之又是长途奔袭，他们需要周密的策划与出其不意的凶狠。在海上相遇时，海盗遵守古老的传统，一声不吭地将船系在一起。在船头搭上跳板，然后依次上场单挑，每个走上跳板的人都面临这样的命运：或者将对方统统杀光，或者自己战死，由后面的同伴替自己复仇。如果感到害怕，可以转身跳进海里，没有人会追杀逃兵，但放弃战斗资格的人与死者无异，从此连家人都会忽视他的存在。因此排在船头第一个上阵的，通常是最精锐的战士，他们在战斗中赤裸上身，发着粗野的吼声，忘情地享受战斗的酣畅。愤怒使维京海盗显得强大而骇人，被称为狂战士。

随着新航路的开辟，航海贸易业热了起来。新大陆的发现，殖民地的扩张，世界各地航行着满载黄金和其他货物的船只，各国的利益竞争和对殖民地的野心提供了海盗活动最大的温床。随着私掠许可证的出现，海盗活动甚至开始“合法化”了。

海上霸主英国，就是靠着一群海盗起家的。我们在巴拿马运河区看到的要塞，干脆就是海盗和海军轮流执政，一会儿是海军，一会儿摇身一变就成了海盗。

然而，海盗终于没落了。

随着工业时代的来临，各国海军实力大大加强，海岸巡逻更严密，海盗们再也没有了往日的辉煌，从 18 世纪末到 19 世纪初的相当长一段时间里几乎销声匿迹。然而，海盗并未从此绝迹。1981 年夏天，一艘“幽灵船”在巴哈马群岛附近被发现，它挂着满帆航行，不回答任何讯号，侧舷上市满弹洞，甲板上到处是血迹。经查，这艘叫“卡利亚 3 号”的帆船，两天前曾发出求救电报，说受到四艘无标志快艇的攻击。这一切显示着：海盗们死灰复燃了。同时，更快的船、更具威力的武器都使海盗们变成了更难琢磨和更有危害性的暴徒……

很多女子说她们喜欢海盗，看了上面这些有关海盗的资料，美丽的女子们，你还会愿意嫁给海盗吗？

其实，我理解女子们的心情，是倾心于刚强果敢不畏艰险的男子汉气概，向往披荆斩棘倒海翻江的大开大合，神往英雄主义和所向披靡的道德情怀，醉心金戈铁马铁肩道义的传奇江湖……这其实是一种对英雄人格的崇拜，与历史上和现实中横行肆虐的海盗们，无关。

我希望真正具有英雄人格的男子们，多多益善。女子嫁与英雄，英雄辈出。

04 世界上最芬芳的工作

瑞士花钟，是由不同的花卉组成了一个绚烂的表盘，每种花卉盛开的时间是不同的，因此就成为钟表的指针，以表示不同的时间。

据说，当年花钟是完全没有时针和分针的，花卉盛开就是信息。我们抵达时所看到的钟表盘，还是有时针的。估计当年创立美丽花卉钟表的年代，人们对于时间的精准度要求还不是很高，有个大概其就行了，现代人则不同，精益求精。在大自然的指示之外，只好另加了人类的注脚。这面花钟便左右开弓双管齐下了。

荷兰首都阿姆斯特丹，有世界上最大的花卉拍卖市场，我们起了个大早，乘坐公车向郊外赶去。实事求是地说，公车摆了好半天，已经不是郊外，而是另外一个省了。

拍卖市场的门票，是每人4欧元。我挺佩服欧洲人的这个设计，当初在建造花卉市场的时候，就想到了这将成为一个旅游景点。建筑风格上，既照顾了拍卖市场的需要：庞大的库房、四通八达的道路、大大小小的拍卖厅、检测花卉质量的研究所……又在所有这些生产经营性场所之外，修建了长达数百米贯穿整个花卉市场的甬道。甬道类似高架桥，周围都有栏杆，可供游客们漫步花卉市场，从上向下鸟瞰整个市场的经营活动。关键的拍卖厅部分，则以透明的玻璃窗分隔，类似烤鸭店烘烤填鸭的对外操作间，所有过程清澈透明。整个花卉拍卖程序历历在目，游客们可一饱眼福。

从花卉甬道朝下看，映入眼帘的是巨大库房。一个个车厢满载着各色花卉，如同芬芳的彩色立体小房子，逶迤而来。我们先是忙着识别自己认识的花卉，惊呼着玫瑰、火鹤、菊花、百合、蝴蝶兰、满天星、非洲菊、大丽花……的名字，好像在召唤自己的老熟人。不过，很快我们就黔驴技穷，变成了哑巴。有限的花卉知识已然穷尽，五颜六色的花卉游行大军，还在兴高采烈源源不断地驶入，我们却再也叫不出它们的名字。

向花卉们致歉！

据说在我们目所不及之处，还建有更大的阿姆斯特丹花卉库房。世界各地的草木佳丽们，都是半夜时分悄然潜进，在鲜花库小憩。稍事休息后，鲜花市场开张的时间就到了。鲜花就像新嫁娘一样，风姿绰约地来到这里，请众多买家们过目。

这里不兴隔山买牛电子商务什么的，一切都秉承古老的原则，眼见为实。每一车出售的鲜花，都要按部就班地驶入拍卖大厅，让买主一睹真颜。

鲜花市场的组织者，同步把鲜花们的倩影，即时传送到拍卖大厅的屏幕上，决定鲜花们命运的关键时刻真正来临。一朵花，是盛开在北京，还是怒放在纽约，抑或含苞在巴黎，凋零在开罗，在这个大厅里一锤定音。

其实，寂静无声。没有锤，只有频频闪动的屏幕。

屏幕由以下几部分组成。一是当时经过大厅的那车花卉的实景照片，配以文字，标明花的名称、数量、产地、供应商等资料。再有一个巨大的圆形钟，一根指针剧烈晃动。先是反向旋转，数字由大到小，转到0起点后，开始正向旋转，数字是由小到大。钟面并不是传统的12格，而是10格。随着指针的晃动，在一旁的屏幕上飞快地闪现着一些数字，呈不断消灭的状态。当你还没有彻底看清楚的时候，钟面猛地归了0。一旁的大屏幕瞬即也归了0。然后，新的一张花卉艳照出现，一切周而复始地轮转……

大屏幕的对面，是拍卖现场，如同半圆形的会场，大约有几百席。这样的拍卖厅，遍布长甬道两侧，估计有几十个。

同行的小王是荷兰留学生，对花卉市场很有了解，说，交易过程的确非常透明，只是一般人闹不清这其中的秘密。我是自己花了80欧元，专请了一位深谙此道的导游引导了一天，才把这里面的程序基本弄明白。你看到那些椅子了吗？每个椅子上端坐着一个男人。在这里，世界顶级的鲜花市场，买卖鲜花的都是男人。你闻到空气的味道了吗？非常芬芳，这可能是世界上香氛最浓的工作。这个工作劳动强度特别大，非常紧张，而且需要当机立断，对人的压力极大。所以，几乎所有的花卉交易员都是男人。起码，我没有在这里看到过一个女人。每张椅子代表着一个席位，只有花卉协会的人，出资才可以享有这个席位，不是谁想来买花就能买的。在这个交易厅里，中国一定也有专用的交易号，只是我们现在不知道具体哪一个席位代表中国。一辆花车开过来，大屏幕上就会显示出相应的资料。操盘手们都很清楚这些花的来历。特别是对每车花的质量都有评估，你看，这车花就是“A”级，说明花的品质达到了某种保证。

正说着，屏幕上的大钟面开始晃动了，从正中 12 点的位置迅速后退。此花钟是以 10 为中点，所以，钟面上依次出现 9 点……8 点……7 点……

小王说，正中那个 10 点，就代表了 1 欧元。现在出现的数字，是 0.9 欧元……这就代表了每枝花的单价。如果指针下滑到了你认为可以接受的价位，你就要手疾眼快地按下手中的按钮，表示你愿意在这个价位购买此花，当然了，你还要敲入你打算购买的枝数，比如 10 万枝，20 万枝……就在你敲下这些数字的同时，那边有一个控制中心，如果认可了这笔交易，你在银行的保证金，就会在几秒钟内划归到花农的账户上，你订购下的那些花，就会被很快地包扎好，运送到你指定的地方，也许是悉尼，也许是耶路撒冷……

小王说，如果事情仅仅是这样进行，的确是不太复杂。但花价瞬息万变，有时，你可以用非常便宜的价钱买到花，有的时候，你却买在了最高点上。这些，都和花卉操盘手在片刻间的决断有关。

我按照小王的指教，看了一会儿，果然就看到了他所说的景象。

推过来了一车花。这花我认识，艳丽夺目雍容华贵，红得像滴血的猩唇。这就是大名鼎鼎的玫瑰——“红衣主教”。

这车花的质量很好，“A”级就不用说了，每一朵花儿都亭亭玉立，花蕾硕大饱满，枝叶挺拔……说实话，我在花店里从来没有见过如此精神抖擞的“红衣主教”，好像刚刚从祭坛上走下来。

标价的指针开始转动。

我悄悄问小王，没有比1欧元1枝更贵的花吗？

小王说，这里是批发市场，价钱比你在花店看到的要便宜很多。起码我来过很多次，至今没有看到批发价超过1欧元的花。

红衣主教从大约0.3欧元开始，有人购买。那个代表花枝数量的数字在迅速滑动中消灭。

有一个片刻，指针居然迅速地下滑，已经掉到了0.1欧元以下，还是没有人接盘……

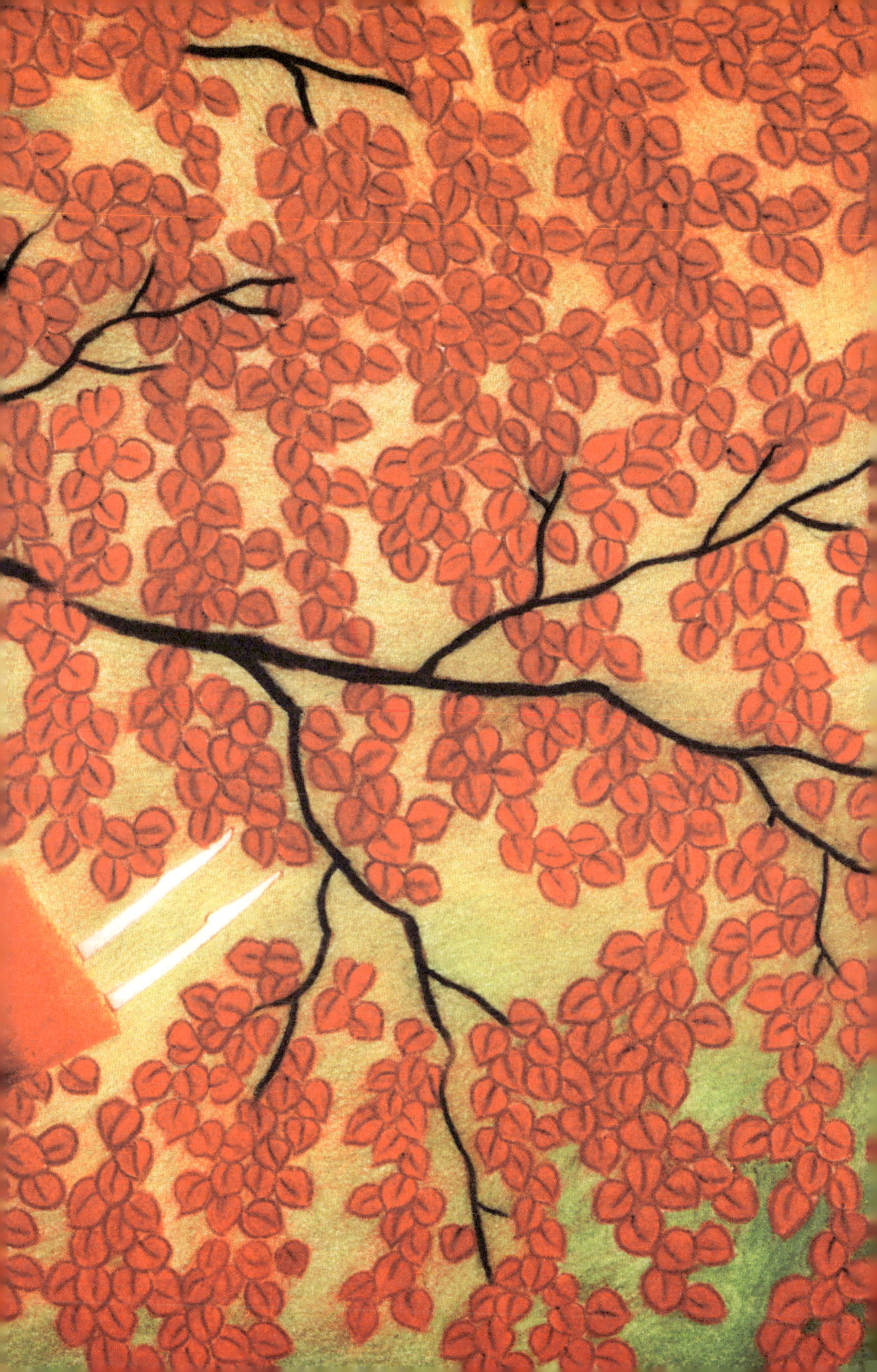

我吓了一跳，说，已经这么便宜，怎么还没有人买呢？

小王说，这些操盘手，是代表着世界各地的买家在下单子。比如英国需要 1 万枝“红衣主教”，他们能够接受的最高价格是 0.4 欧元，那么受此委托的交易员，就要在确保给人家买到红玫瑰的情况下，再来尽量地节省费用。如果节省了，估计应该有提成。但是，如果丧失了时机，没买到“红衣主教”，让人家那边的重要场合插花受到了影响，操盘手的麻烦就来了。所以，手中有需要供货的单子，风格趋向稳健的操盘手，也不敢太求低价，看到差不多了，有得赚，就马上求购，定下来心里踏实。这就是你在最初看到的那一波踊跃的买家。还有一些，就比较敢于冒险，他们愿意赌一赌，有可能在更低的价位买到同样优质的花……

说时迟那时快，美丽的“红衣主教”，在钟面上的价位一路下滑，居然掉到了 0.05 欧元，也就是 5 分钱。折合成人民币，也只有几毛钱。

突然窜出来一个买家，大刀阔斧地把所有剩余的红衣主教一股脑儿地包圆儿了，钟面上存量一栏，赫然出现了“0”。我看到还有一个报价“0.07”欧元的单子，孤零零地在屏幕上停留了一瞬，估摸着他也想兜底买下这批光彩照人的“红衣主教”，只是下手晚了也许千分之一秒，虽然报的价钱还略高了一些，因他人业已成交，也就竹篮打水一场空了。

在片刻之间，同样的花，卖出的价钱便有 6 倍之差，的确是够刺激的了。

有的操盘手桌子上，摆着咖啡和热狗，他们在紧张拍买的同时，还要抽空吃点东西。我看了看表，已是上午 10 点，纳闷问道，这到底是早饭还是午饭呢？

小王说，他们经常从半夜就开始工作，难顾饥饱。在下单的间隙，实在扛不住了，就随便吃点，你无法准确地说这究竟是哪一顿饭，所以，女人们干不了这活儿，太辛苦了。

哦！原来我们看到的每一枝从荷兰花卉拍卖市场，袅袅婷婷走过来的鲜花，在理论上，都碾过了一个男人的手指。

我还是觉得女人们和花的关系更密切一些。她们更能看出花朵的美丽，她们更能闻到花瓣的芳香。她们也更能体会花农的辛劳，应该让花儿有更公平的价钱，现在这法子，有点波光诡谲。

也许，这正是花卉市场的魅力？同花不同酬。

不知那些喷薄欲出的玫瑰花，今晚将在何处绽开？何时将在何方凋落？花开的灿烂，并不是为了花落的凄楚，而是为了果实的金黄。可是，从花卉市场经过的花，再也不会有果实了。做一朵花，是在这绚烂的世上风雨飘摇地走过，还是在山野里完整地结婚生子，在绿叶下酣然？在世界顶级的鲜花市场里，买卖鲜花的都是男人，那里空气的味道非常芬芳，这可能是世界上香氛最浓的工作。

第II辑

上帝的疏忽里有慈祥

风不会永远轻微撩人，
星不会永远迸射光芒，
然而我们却要兢兢业业地活下去，
从容不迫地接纳死亡。

05 北极光的微笑

无数次想过，回家之后，再也不出发了。在自家房檐下好好地偷懒，吃平淡可口的中国家常菜，过俗常的清静日子。终又无数次启程，去探望风雨飘摇的世界。一条招呼你远行的水蛭，吸附在脚踝。

这一次，是去加拿大。

这一次，去看北极光。

“极光”这一术语，来源于拉丁文“伊欧斯”一词。在希腊神话中，是“黎明的化身”。她是大神泰坦的女儿，哥哥是太阳神，姐姐是月亮女神。她的丈夫是猎户星座，生育的儿女是北风和黄昏星辰。看来极光不单出身名门家世显赫，而且婚姻幸福儿女双全。

加拿大北部山地的一切景物，在冬季黄昏中迅速模糊，我们收到北极光就要到达的请柬。据远在阿拉斯加的北极光爱好者们自发组织起来的网站报告，这一夜，北半球极地范围内出现极光的概率是——100%。

于是我们走，向旷野的深暗处潜行。狂风呼啸，大地垩白。人们已习惯在某些地方，积雪并不意味着寒冷，它只是人造的景观，指代着优雅和享乐。唯有这里，天地只有银黑两色，冰雪保持着远古时代流传下来的森严与力量，以广博的面积和深邃的厚度，让人惊心动魄。逃离了城市灯雾，陷落无边无际的灰暗之中。之所以不敢说黑暗，因为头上还有碎钻般的星光。乘车到了观测的地方，在白雪与繁星之间，开始等待。

冰冷寂寥，兴致勃勃。人们在无言忍受，确信将有一份惊骇接踵而至。等待自然界最为壮观瑰丽的天象。

地球上的高纬度地区，是通向宇宙最近的柴扉。它朗澈清爽，像玻璃一般容易敲响，得天独厚地接近终极智慧。残酷的自然环境，没有杂质的空气，视野如上帝的眼帘。环绕周身的，是前所未有空无一物的松弛感。单纯到没有任何让人分心的景物，极适宜凝神等待。

传说中极光是个美丽的年轻女人，手挽夫君快步如飞地赶路。有时乘着飞马驾驭的四轮车，从海中腾空而起。有时手持大水罐，伸展双翅，向世上施舍朝露，类乎东方掸水的观音。因纽特人可没有这般温情，认定北极光是鬼神引导死者灵魂上天堂的火炬。加拿大原住民较有想象力，觉得变幻莫测的极光

加拿大艾伯塔省，我手指向的远处就是极光（钱洪涛 摄）

是神灵在空中踏出的舞步，它们发出的声音会摄走灵魂。

北欧比较魔幻，在芬兰语中，极光的直译是“狐狸之火”。他们坚信是一只狐狸在白雪覆盖的山坡上奔跑，蓬松的尾巴扫起晶莹闪烁的雪花，一路翻卷飞扬直达天庭，从而形成了北极光。萨米人和西伯利亚人则相信北极光是死者在玩游戏。幽灵们骑马，飞驰时受了伤，流出鲜血婉转千行化为光焰。

现代人当然不理会这些古老传说，顽强地提出新的假设。有人认为，极光是地球外缘燃烧的熊熊火焰。有人认为，它是夕阳西沉后，天际反射出来的光芒。还有人认为，是南北极地的冰雪，白天吸收储存了太阳光，夜晚悄然释放出的能量。

极光之谜，多少代人试图破解，结论千奇百怪，但真相如何，一直等到人类卫星上了天，鸟瞰地球，才得到物理学的合理解释。太阳的激烈活动，放射出无数的带电微粒，被称为“太

加拿大，雪后

阳风”。当“太阳风”携带着微粒射向地球，进入地球磁场的作用范畴时，沿着地球磁力线高速进入高层大气中，与氧原子、氮分子等碰撞，产生了电磁风暴，开始强烈放电。一束束电子，在离地球大约100公里的天空，释放出100万兆瓦的光芒。巨大的电子云团产生明亮艳丽的绿色弧光，时常伴随着红色或粉红色的边线，交相辉映，灿烂辉煌，形成了神鬼莫测的“极光”。

我们所在的麦克莫瑞堡是加拿大观测极光的上好营地，观赏的最佳季节是每年的12月至次年的3月底。

等待，直至深夜，身体被加拿大北部山区的寒风刺得千疮百孔，极光仍没有出现。森林的守护者告诉我们，极光的吸引人之处正在于它的不可预测。

没有人能预报太阳，没有人能预报特大耀斑，没有人能预报地磁的爆发，没有人能真正预报极光。守候极光就像在密林中狩猎，不可知的麋鹿轻盈踏来。

极光怕羞，要避开月圆时分。因为满月的清辉太过明亮，形成了光害，影响观看极光的亮度。还要避开城市的散射光，它是湮灭极光的第一杀手。极光来无影去无踪，形状多变。有时像彩色漩涡，有时像袅袅轻烟，有时如凌乱扇骨，有时似万千羽毛……有时出现时间极短，犹如彩色流星闪现一下就永无踪影。有时却可以在苍穹之中辉映几个小时，不离不弃。

极光最经常出现的地方是南北磁纬度 67 度附近的两个环带状区域内，分别称作“南极光区”和“北极光区”，它包括瑞典、挪威、芬兰、冰岛、俄罗斯、加拿大、美国（阿拉斯加）、阿根廷等国家。

世界上还未曾找到两个一模一样的极光。人们将极光按其形态特征分成五种：一是底边整齐微微弯曲的极光弧，二是弯扭折皱的飘带状极光带，三是如云朵般的极光片，四是面纱一样均匀的极光幔，五是沿磁力线方向射线状的极光芒。简言之，就是弧、带、片、幔、芒。极光的亮度也很多变。从刚刚能看得见的银河星云般的朦胧亮度，到满月时的月如银盆，都可能出现。最强的极光会照出人的影子来。这位无与伦比的魔幻大师，在苍茫天际的舞台上，上下飞舞左右驰骋，铺陈出上百上千甚至近万公里长的极光带，奔突腾跃活色生香。看到这里，你可能说，这些是你亲眼看到的吗？

遗憾，那一夜，我没有看到极光。上面所说，都是纸上谈兵。5个小时的等待中，听守林人做的介绍。极光放荡不羁桀骜不驯，在预报100%可以见到它的时候，它让我们在零下几十度的严寒中苦等，坚不现身。仰望所见，只有寂寥星空。第一次发现星星的颜色有那么多种，迎春黄骆驼黄直到帝王黄玫瑰金……深钢蓝色的晴空，好像尚未完工的丝毯，天上的织女用金银线，漫不经心深深浅浅散淡地织着，星芒四颤。暗淡的星，许是离我们太远，或已进入暮年？幸好年老的星星并不悲哀，年轻的星星也不骄傲，一律竭尽全力地明亮着，飨大地以清辉。

第二天晚上，我们再次赶往旷野深处。临出发的时候，当地的旅游局局长问我，您觉得今晚可以看到极光吗？

我说，不知道呀。

局长说，今夜看到极光的可能性，据预报说是30%。很多人为了观察极光，往往要在此守候一个星期，概率就比较高了。你们只待两天，太短了。如果今天还看不到，就要抱憾而归。

我说，有的时候，我们能做的只有等待。

在路上，想起郭沫若的那首诗——《天上的街市》。

“远远的街灯明了，好像闪着无数的明星。天上的明星现了，好像点着无数的街灯。我想那缥缈的空中，定然有美丽的街市……”

终于不相见，就保有对极光的想象吧。这世上终有一些壮丽，我们不得目睹。这世上终有一些友人，最后必将分离。

2011 年 11 月 29 日，加拿大西部山地时间晚上 10 点 35 分，我们到达野外观测地。刚停车，就听先下车的人大喊：“来了！来了！”

谁来了？这么大惊小怪！赶紧跳下车，天啊，北极光倏然驾临！半个天空悬挂起绿色帷幔般的北极光。犹如巨大的绸缎，被天神之手轻轻拧动。极光迅速地变幻着形状和色泽深浅，宏大脆弱，让你骇然屏住呼吸，生怕一口气吹走了极光。

与印第安人长久相处的约翰博士迎接我们。他说曾听到过极光的声音，犹如银链抖动。我们静听，然而除了我们的呼吸声，万籁俱寂。北极光出现了十几分钟后骤然弥散，远走苍穹。我们仰望星空，意犹未尽。满头白发的约翰博士问，你们还想不想再见到北极光？

我们说，太想见了。

博士说，那我们试着施展法术，把北极光呼唤回来吧。

他在黑暗中做起法术，这是印第安人和北极光对话的仪式，呼唤人类的祖先回来与后代相会。他虔诚地面向东北方，一次又一次念动咒语，呼唤着北极光。

又是漫长的等待，几个小时悄然过去，我们几近绝望。

大约午夜1点，巨大的绿色光带突然如神灵般再度现身，以横扫一切的威严，穿越浩渺星空。我们都不敢相信自己的眼睛，半张着嘴，惊愕不已。北极光太阔大了，整个天空被覆盖为青苍色，犹如激流中的几万亩水草波光诡谲。约翰博士非常肯定地说，这是一场巨大的阶梯状极光，太阳风的活动此刻非常猛烈，若不是天空有些微云，极光会笼罩整个天穹。

用肉眼看极光，没有用照相机拍下的图片那样细腻。照片拍出之后，在靠近北方地平线处，居然显露出红色的极光带，犹如朝霞。约翰博士说能看到红色北极光的人，将有非同寻常的幸福降临。

所有的人都在欢呼雀跃，在那一刻变成了顽童。极光不仅仅万分美丽莫测，它弥散天穹的阔大篇幅令人震撼到恐惧。你会觉得个人极为渺小，你会顿生谦虚和敬畏。你会觉得星空无限造化无穷人生短暂薄如蝉翼……

护林员对我说，你看到了吗？北极光在微笑。

从某一个角度看去，那一刻的极光的确像一张微笑的脸庞，瞬息即过。但它如此清晰地烙在我的脑海中，如同烈焰燎过木板的炭画，永不磨灭。如果将极光拟人，北极光并不像一个美女，而是一位襟怀敞阔的智者。它宣示给人间的，真如一架天梯，通往遥远的梦想。

我更喜欢用肉眼观看极光。肉眼虽然没有机器那样精密，却带给我们的感官以最直接的震撼。

我喜欢这种简单，一个人和他所热爱的东西，直截了当毫无隔绝地接触。这个世界太多颜色太多响亮声音太多繁杂图像了，鳞次栉比排山倒海压将过来，人们没有缝隙和时间，接听内心微弱的悄语。人们丧失了标准，贫血的灵魂无法输出足够的能量，来选择自己的爱恨和归宿，即便蒙对了正确的选择，也没有耐力持之以恒地守候，很可能半途而废功亏一篑。

简单是有质量的，简单地生活，穿朴素的衣服，吃家常的饭食，住简易的房子，使用简便的交通工具……于是所有繁华喧嚣都不再构成引诱和威胁，灯红酒绿都变得如同黑白般明晰。声色犬马褪色，笙歌艳舞敛息……人的需求很容易得到满足，便顺理成章进入安静稳定的状态。

目睹北极光是一种奇特而难以忘怀的经历，让人在仰望中顿生敬畏伴以灵魂的簌簌震撼。自然界中很少有如此独特、如此诡秘的景色，它与我们平常遇到的东西迥然不同，逼人匍匐在地。从此明白了什么叫宇宙洪荒，什么叫扶摇直上九万里。孤绝激发反思，冷寒驱除琐碎。我对天地与自我，从此校正了度量衡观念。知道了什么叫无穷大，自己只乃微尘。北极光以自己横扫千军的存在，傲然提示我蜉蝣一样短暂的生命该如何珍惜。从此战战兢兢敬畏所有有生命和无生命的万物，不敢有丝毫自大与僭越。

那一夜极光持续时间很长，当午夜 3 点钟我们离开野外观察地返回之时，它仍在距地表 100 公里以上的高空飘拂，以绵延数千里的微笑，轻覆河山。

06 一点七亿只碟子

列车的窗口，我在眺望。窗外是苍凉的荒漠，天边是如血的晚霞。从美国中部到西部的旅行。吃晚饭的时间到了。陪同安妮对我说，咱们到火车上的餐厅去吃吧。我说，安妮，我坐车的时候，对颠簸特别敏感。在车厢里走动，头晕得像打秋千。安妮说，吃晚餐的时候，我们和旅途中的美国人混坐一桌，也许会发生有趣的谈话。

既然吃饭也被赋予了工作的意义，我就起身，踉踉跄跄地随着安妮到达餐厅。

餐厅有雪亮的光和艳丽的玫瑰花，餐桌小巧，可落座四位。我们靠窗边坐下，看着渐渐暧昧下去的风景。还没来得及点菜，就听到温文尔雅的问话，请问，我可以坐在这里吗？

抬头看，一位高大的美国青年，穿着银灰色细条绒的夹克衫，微笑着看着我们。我和安妮相视一笑，然后点点头。看来

在黑陶的故乡学手艺

这是一个爱说话的小伙子。

细条绒刚坐下，就又听到略显局促的问话——我可以坐在这里吗？

我和安妮又是连连点头。

“局促”是一位40多岁的男子，青着下巴，皱着眉头，散淡忧郁的样子。

大家刚要攀谈，一位穿着浆洗得雪白的工作服的老人，拿着菜单，请我们点菜。

于是大家各自沉浸在对晚餐的谋划上，一时无话。我的胃因为晕车，像个乱七八糟的鸟窝，就只点了一份蔬菜沙拉。

等候上菜。谈话从沙拉开始了。

你为什么吃得这样少？细条绒很关切地问。

吃不惯，我说。除了晕车的不适，这也是实话。到美国已经半个多月了，我得了一个深刻的教训，就是不敢吃菜谱上扑朔迷离的食物。万一不合口味，剩在公众场合，十分不妥。应对的方式就是只吃那些确有把握的食品。但说句真心话，这块大陆上能适合中国胃的食品，的确有限，更不消说在震荡的火车上了。

啊，明白了。你们是日本人，所以不习惯。细条绒恍然大悟。

这位女士不是日本人，是中国人。安妮纠正他。

细条绒苦笑了一下说，对不起。在我看来东方人都差不多，常常分辨不出。不过，我知道，日本菜和中国菜味道是很不同的。

安妮说，你常常吃中国菜吗？

细条绒一下子神采飞扬起来，说，我最爱吃中国菜了。我住在纽约，是一位电脑工程师。你知道美国青年中，如今最时髦的生活方式是什么吗？那就是——第一，单身住在纽约的小公寓里。第二，在一家电脑公司工作。第三，吃中国菜。

安妮说，这么说来，你是又有钱又时髦了。

细条绒很谦虚地说，有钱，谈不上。如果我真有钱，就不会仅仅局限在吃中国菜，而是要到中国去旅游。我正在朝这个方向努力。

我忍不住插嘴道，你怎样努力呢？

细条绒说，我的努力分为两个方面。第一个是攒钱，旅游是很费钱的，这我就不多说了。第二个是努力地研究中国的历史。

尽管高速行驶的火车，毒害着我的胃和思维，但我还是对面前的这位美国青年产生了很大的兴趣。我说，哦，能把你研究的收获告诉我一些吗？

细条绒很得意，说，当然可以了。我主要认为中国对待慈禧太后的看法是不公正的。一个女人，能够执掌这样一个古老帝国的最高权力，这是很先锋很前卫的。在宫廷的斗争中，她是弱者，是男人们的牺牲品。中国的义和团对待外国人，是很残忍的，这是愚昧……

还没等我把目瞪口呆的表情表达充分，那位忧郁的“局促”先生，就一点也不局促地开始了反击。他说，你这样看待中国的义和团，我不能同意。一个国家的人，如何对待进入他们国家的人，是有选择的自由的。你凭什么站在100年以后的时空，对着他们指手画脚？你没有这个资格！

如果此刻在餐桌上方的空气中，挂上一只活龙虾，我猜它的颜色会立刻由雪青变成洋红。

细条绒还算保持君子风度，说，我可以知道你是谁吗？

“局促”先生说，我在好莱坞工作，我看你对中国的了解，就是来自好莱坞，可那是逗人笑的。

细条绒说，不，这和好莱坞无关，是我自己思索的结果。

“局促”面露不屑。

我觉得自己必须得说点什么了。我说，我作为一个中国人，很感谢你们了解中国的愿望。但是，以我这次到美国来的经历，

我觉得你们对中国的了解比较狭隘。中国的历史很复杂，恕我直言，美国有200多年的历史，中国有5000多年的历史，是美国的20多倍。与其面对历史的中国，不如面对现实的中国。特别是目前的中国，是一个正在发生巨大变化的国度。

细条绒和“局促”，都安静了下来。正好，各自要的菜肴也上来了，一时间，叉勺碰撞的声音，掩埋了争执的硝烟。

看来食物有助于缓解争论的尖锐，待吃到半饱，细条绒已然恢复平静，脸上重新出现孩子般的笑容。他对我说，我是要到中国去亲眼看一下，说实话，中国是一个令我害怕的国度。

我说，为什么呢？是不是害怕中国的治安不好？我可以很负责地告诉你，在中国旅游的外国人，应该是很安全的。

细条绒说，不是这个意思。虽然在我的感觉中，好像每一个中国人都会中国功夫，一发起火来，就会“嘿嘿”地呼出白汽，但我是一个和平的旅游者，身体也很棒，安全上应该没太大的危险吧。我说的害怕，是猜不透中国到底想干什么。

他用毫无杂质的蓝色眼珠看着我，证明迷惘的深不可测。

我的迷惘一点也不比他少。我说，我不知道你指的是什么。

细条绒说，中国为什么要到美国来抢饭碗？为什么让美国的工人没有饭吃，减少了美国的就业机会？你到街上看一看，随便拿起一件衣物，一种器具，翻过商标一看，都是中国制造的。中国的产品覆盖了美国，很便宜，让美国人又恨又怕。再这样发展下去，美国的工业就将不存在了。这难道不是很可怕吗？

他说到这里，露出了深深的忧虑。如果我看得不错的话，还有怨恨。

这场谈话，已经从餐桌上的礼仪寒暄，演变成了某种实质性的分歧。

我顿了一顿，让自己的胃先安定下来，保持腹肌的稳定。因为我不想让自己在下面的谈话里，显出力不从心或是上气不接下气的狼狈。保养好自己的“设备”之后，我说，你说得很对。在美国的商店里，有很多标有中国制造的产品。可是，我不知你注意到了没有，有无细致地分过类？你说铺天盖地的中国产品，到底是些什么东西呢？

细条绒是个听话的小伙子，他的眼珠开始向左上方转动。我知道，他开始了回忆。

我说，恐怕主要是些纺织品和日用品吧？我可以坦率地承认，基本上都是低档的产品。在纽约第五大道那些豪华的店铺里，几乎没有中国制造的产品。在我参观的设备精良的医院里，没有中国制造。我在美国走了这么多的机构，看到了无数的计算机，但是，也没有一台是中国制造的。但我可以告诉你，你将来到中国也可以亲眼看到，中国有多少精密仪器和计算机，是美国制造的。

你说得很对，因为中国廉价的劳动力，一些劳动密集型的产品，美国将不再制造，比如，这个碟子……

我说着，举起了刚才侍者送上来的一个碟子。很普通的那种白瓷碟，在餐厅明亮的灯光下，反射着清淡的光辉。细条绒和“局促”的目光，随着我的碟子而转动。我接着说，不错，有一天，美国人真的可能不做碟子了，可是美国人在做别的。如果你说中国人扼杀了美国人的碟子，我想告诉你们一件事。

我这次到美国来，什么让我感觉到最熟悉呢？是美国的飞机。为什么呢？因为在中国的天空，我们的民航飞机基本上都是美国制造的。从波音到麦道，各种型号一应俱全。我在中国看到过一个报道，中国上海和美国合作，制造出了自己的飞机。但是，没有哪家国内的航空公司愿意购买这种飞机。于是，中国国产的大型民航客机，从它试飞成功的那一天起，就被打入了冷宫，至今孤零零地停在停机坪上，经受风霜雨雪。

我举起手中的碟子说，小伙子，你知道这只碟子多少钱吗？

细条绒老老实实地说，不知道。

我说，我在超市里看到过，我记得售价是 0.99 美元。中国将这个碟子出口到美国的价钱，一定还要低很多，但为了计算的方便，我们就姑且把它算作 1 美元一只吧。

细条绒点点头，不知道我葫芦里卖的是什么药。

我说，你知道一架波音 777 的售价是多少吗？

细条绒又老老实实地摇头。

我说，是 1.7 亿美元。

我说，既然是贸易，就会有来有往，中国用什么来买美国的波音飞机呢？目前用的主要还是资源和劳动力。比如碟子，中国人要用1.7亿只碟子，才能买到一架波音飞机。一只碟子咱们算它1厘米厚，1.7亿只碟子，是多少呢？一只靠着一只地排列起来，就有170万米长啊。这是怎样的数字？我明白你对美国人不再制造碟子感到痛心，但也请想一想，中国人在造碟子的同时，也委屈了自己制造飞机的能力。孰重孰轻？

细条绒大张着嘴，吃到一半的通心粉卷在叉子上，半天送不到嘴里。

他说，你说的这个角度，我从来没想到过。你这样一说，我觉得很有道理啊。看来，我会提前结束我的旅游，赶回纽约。

我说，你刚走出来，还没有到达目的地，怎么就想回去了呢？

他说，我要赶回去挣钱，赶快攒够到中国旅游的钱，你的关于碟子的比喻很有趣，我会讲给其他的朋友听。要知道，在美国，持我这种观点的人，很多的。

我说，那就谢谢你了。

一直没有说话的“局促”，说，今天，是我旅行的第三天了。我今年50岁了，这条路，我30年前独自一人走过。那时，我从纽约到洛杉矶，路上用了7天。在美国，火车是旅游的工具，不是交通工具。这一次，我又要用7天的时间。比乘飞机慢多了，花费也多。

我说，你故地重游，一定有很多感触。

“局促”说，景色没变，人老了。我之所以要旅行，就是

想在途中，碰到与众不同的人。可惜，前两天遇到的人，都是在都市中随处可见的人。人们疯狂地从城市逃出，想不到在野外，遇到的还是这些人。我是搞艺术的，我很富有，可是我痛苦不堪。

我说，看来你很孤独，人群中的孤独。

他低声说，你说得对极了，没有人的时候我孤独，有人的时候我更孤独。你们来自东方，在东方的哲学里，可有抵抗孤独的良方？

我站起身来，说，欢迎你们到中国去，我不敢说那里有什么良方，但我想说那是另一种文化。地球上的人，应该尊重彼此优秀的文化，保存下来，以寻求更适宜的生存状态。不要单纯用经济的贫富来衡量文化的优劣，那样，吃亏的将是整个人类啊。

饭吃到这会儿，已经距离填满肠胃的目标很远了。我说，到中国去看看吧，我们的火车可能没有这样舒服，但我们的饭菜会更有味道。

07 华尔街的少女

我在华尔街上行走，四周都是身着黑色西装的绅士，面无表情地出入于磐石垒起的证券交易所森冷的铁门。他们的身后，留下美元的脚印。我问翻译，今天的安排是了解美国对女孩的性启蒙教育情况，为什么来到了世界金融的心脏？翻译说，性和金钱其实有着太密切的关系。

走进一座豪华的建筑，机构名称叫作“少女”。一位身穿美丽的粉红色中国丝绸的夫人接待了我们。她晃着金色的头发说，对女孩子的性教育，要从 6 岁开始。我吃了一惊，6 岁？是不是太小？我们的孩子在这个年纪，只会玩橡皮泥，如何张口同她们谈神秘的性？这位美国慈善机构的负责人说，6 岁是一个界限，在这个年龄的孩子，还不知性为何物，除了好奇，并不觉得羞涩。她们是纯洁和宁静的，可以坦然地接受有关性的启蒙。错过了，如同橡树错过了春天，要花很大的气力弥补，或许终身也补不起来。

我点头，频频的，觉得她说得很有道理。但是，究竟怎样同一双双瞳仁如蝌蚪般清澈的目光，用她们能听得懂的语言谈性？我不知道。我说，东方人讲究含蓄，使我们在这个话题上，会遇到更多的挑战和困难，不知道你们在实施女性早期性教育方面，有哪些成功的经验抑或奇思妙想？

丝绸夫人说，哦，我们除了课本之外，还有一个神奇的布娃娃，女孩子看到这个娃娃之后，她们就明白了自己的身体。

我说，可否让我认识一下这个神通广大的娃娃？

粉红色的夫人笑了，说，我不能将这个娃娃送给你，她的售价是 100 美元。

我飞快地心算，觉得自己虽不饱满的钱包，还能挤出把这个负有使命的娃娃领回家的路费。我说，能否卖给我一个娃娃？我的国家需要她。

粉红色的丝绸夫人说，我看出了你的诚意，我很想把娃娃卖给你，可是，我不能，因为这是我们的知识产权。你不可仅仅用金钱就得到这个娃娃，你需要出资参加我们的培训，得到相关的证书和执照，才有资格带走这个娃娃。

她说得很坚决，遍体的丝绸都随着语调的起伏簌簌作响。

我明白她说的意思，可是我还不死心。我说，我既然不能买也不能看到这个娃娃，但是我可不可以得到这个娃娃的一张照片？

粉红色的夫人迟疑了一下，说，好的，我可以给你一张复印件。

那是一张模糊的图片，有很多女孩子围在一起，戴着口罩（我无端地认定那口罩是蓝色的，可能是在黑白的图片上，它的色泽是一种浅淡的中庸）。她们的眼睛探究地睁得很大，如同嗷嗷待哺的小猫头鹰，头部全都俯向一张手术台样的桌子，桌子上是千呼万唤始出来的布娃娃——她和真人一般大，躺着，神色温和而坦然。她穿着很时尚和华美的衣服，发型也是流行和精致的。总之，她是一个和围观她的女孩一般年纪一般打扮能够使她们产生高度认同感的布娃娃。老实说，称她布娃娃也不是很贴切。从她颇有光泽的脸庞和裸露的臂膀上，可断定构成她肌肤的材料为高质量的塑胶。

围观女孩的视线，聚焦在娃娃的腹部。娃娃的腹部是打开的，如同一间琳琅满目的商店，里面储藏着肝脏、肺管、心房，还有……惟妙惟肖的子宫和卵巢。

我带着一张娃娃被人围观的照片的复印件，离开了华尔街，后来又回国。我没有高质量的塑胶，但我很想为我们的女孩制造出一个娃娃，期待着有一天，能用这具娃娃，同我们的女孩轻松而认真地探讨性。思前想后，我同一位做裁缝的朋友商量，希望她答应为我订做一个娃娃。

听了我的详细解说并看了图片之后，她说，用布做一个真

人大小的娃娃？亏你想得出！

我说，不是简单的真人大小，而是和听众的年纪一般大。如果是 6 岁的孩子听我讲课，你就做成 6 岁大。如果是 16 岁，就要身高 1.60 米……

朋友说，天啊，那得费我多少布料？你若是哪天给少年体校女排女篮的孩子们讲课，我就得做一个 1.80 米的大布娃娃了！

我说，我会付你成本和工钱的，你总不会要到 827 块钱一个吧（当天的人民币对美元汇率）？

朋友说，材料用什么好呢？我是用青色的泡泡纱做两扇肺，还是用粉红的灯芯绒做一颗心？

我推着她说，那就是你的事了，为了中国的女孩们，请回去好好想吧。

朋友想的结果是至今那娃娃还没有诞生。她说未曾学过医，对于内脏的分布没有把握。作为娃娃的妈妈，她需要学习，而学习需要时间。有时半夜她会打来电话，说，嗨！我正在想，娃娃的子宫和卵巢，是用香橙色的双绉还是咖啡色的贡缎缝制？

我想想，慢吞吞地说，我建议就用玫红色的棉布吧，柔软而温和。

08 甲虫冰激凌

芝加哥可真冷啊。从机场出来，寒风一拳砸了过来。真想头也不抬随便撞进哪家饭店，有热牛奶就是天堂。可惜，不行啊，按照计划，我们必须在当天晚上，赶到美国伊利诺伊州的小镇弗里波特。

乘坐“灰狗”客车，在暮色苍茫的美国中部原野上疾驰。树叶红黄杂糅，现出凋零前不可一世的瑰丽。广阔的土地，远处有高大的谷仓……

从青年时代起，每当我面对巨大场景的时候，就有一种轻微的被催眠的效果，好像魂飞天外，被一种超自然的力量所震慑。我会感到人是这样的渺小，时间没有开始又没有终极，自我只是一个微不足道的点，在太阳的光线之下蒸发着……我在西藏的时候，常常生出这种感念，这次，是在美国的旷野，突如其来地降临了这种久违了的感受。我就想，每个人的历史，如同嗜血的蚂蟥，紧紧地叮咬着我们的皮肤，随着我们转战天

下。也由此，我深深地记住了伊利诺伊州的黄昏。

我们乘坐玛丽安夫妇的车，到达岳拉娜老人家的时候，天已黑得如同墨晶。

在黑黝黝的背景下，老人的窗口如同一块蛋黄晕出轮廓，花园的树丛像一只只奇异的小兽，蹲着，睡着。玛丽安夫妇把我们放在花园小径的入口处，就告辞了。

家中有孩子，在等着我们做晚饭。他们说。

我本来以为同是一个镇子的乡亲，玛丽安夫妇接到了我们，把我们平安送到了岳拉娜老人家，他们之间会有一个短暂的交接仪式，把我和安妮像接力棒似的传过去。但是，没有，他们的车在黑暗中远去，留下我们在一栋陌生的房屋门口。

岳拉娜是一位有趣的老人，她已经87岁了。这是车开动以后，玛丽安留下的最后一句话。

天哪，87岁！真是一个很老很老的年纪了。我甚至在想，都这样大的年纪了，为什么还愿意招待外国人？怀揣着疑惑，拖着行李箱，我们走到这栋别墅式住宅的门口。在电影中，此时的经典镜头是双扇门砰地打开，灯光泻出，好客的主人披着屋里的暖风和光芒迎了出来，热情的话语敲击耳鼓……但是，没有。也许是因为车子停靠的地点比较远，也许是老人家的耳朵比较背，总之，当我们以为房门会应声而开的时候，房门依然紧闭。

寂静中，有一点凄凉，有一点尴尬。很久以来，可以说自从踏上美国土地的那一刻开始，我就在等着这一次的经历。在普通的美国人家中度过几天，是令人神往和想入非非的。在介绍行程的册子上写着，岳拉娜老人是一位农民，于是我想到了黄土高原的老大娘和无边无际的金色玉米，虽然我知道这会是完全不同的场景。

有 100 种想象，就是没想到在漆黑的夜里，站在陌生人家的门口，等待着叩响无言的门扉。

安妮轻轻地敲打着门。可能是太轻了，没反应。安妮加重了一点手指的力量。门开了。

岳拉娜是一位驼背的老奶奶，穿着粉红色的毛衣，下身是果绿色的裙子，看得出，老人家为了我们的到来，是专门做了准备的。她的目光有一点严厉，和安妮的寒暄也不是很热情，虽说语言不通，但我也看得出，她有些不满，甚至是在责备我们。

安妮笑笑对我说，她说我们到得太晚了，她在为我们担心。晚餐早就做好了，她一直在等我们，都快睡着了。

我立刻从这种责备中，感到了家的温暖。是啊，从小，当我们玩得太晚回家的时候，你还指望着在第一时间得到的是温暖的问候吗？通常的情况下，你收获的肯定是责备。唯有这种责备，才使你得到被人惦念的感动。

老人用极快的速度端出了晚餐，看来，她是个身手麻利的人。首先映入眼帘的是一盆深红色的豆子汤，汁液内有若干的漂浮物，看起来黏稠而复杂。安妮问，这是什么煮成的？

岳拉娜老奶奶正在操作的手被问话打扰，有些不耐烦地说，这是豆子汤。

安妮询问的积极性并未受到打击，我知道她是为了我，让我能更多地了解到美国普通民众的生活，包括他们的食谱。于是，安妮锲而不舍地问，豆子汤是怎么做出来的呢？

老奶奶露出不胜其烦的样子回答道，就是用豆子，红豆子煮的呗，里面要加上猪肝和鲜肉，要煮很长的时间。

到底要多长时间呢？安妮问得真详细，叫人疑心她以后也要依样画葫芦地烧一碗豆子汤。

老奶奶看来是被这样的穷追猛打闹得无计可施，只好放下手里的盘碗，认真地想了一下回答道，要煮8个小时。如果你没什么事，不妨煮上一天，时间越长越好吃。

好了，问到这里，算是告一段落了。安妮不易察觉地向我使了一个眼神，意思是——关于这道汤，咱们是明白了。

我点点头。我不想让老奶奶觉得安妮是一个弱智的孩子，我知道安妮这是为了让我多一些感性的知识，我愿和安妮同甘苦共患难。于是，我带着夸张的表情说，8个小时，甚至还要多！这是很难做的汤啊！

没想到老人家一点也不领情，撇撇嘴说，有什么难做的？普通的汤而已！

我和安妮意识到，在这样一位历经沧桑的老人面前，最好的尊重就是封起嘴巴，睁大眼睛，竖起耳朵。

主食是老奶奶自家烤的香蕉夹心面包。非常香甜，好吃极了。

我和安妮埋头吃饭喝汤，一是饿了，二是不知这倔老太太爱听什么。依目前的情况来看，我们埋头吃饭，就是令她最高兴的事了。

饭后上的甜点，是老人自己做的红草莓冰激凌。在晶莹的冰激凌碗里，我一眼看到一个红黑相间的甲虫。它甚至还是活的，虽然被寒冷和糖分腌得萎靡不振，但从冰箱来到了温暖的餐桌，在明亮的灯光照耀下，渐渐地恢复了生机，收敛的翅膀也扇叶般地张开了。

一个甲虫。安妮眼尖，最先发现，叫了起来。

我也看到了，小声重复着——一个甲虫，好像，是瓢虫。

岳拉娜老奶奶说，是的，肯定是瓢虫。虽然我看不清，可我知道它是瓢虫。红草莓是我从自家的花园里摘的，下午才摘的，很新鲜。在草莓的叶子里，经常有瓢虫，还有一些不知名字的虫子。我的手，就在摘草莓的时候，被虫子蜇伤了。

老人说着，把她布满老年斑的手伸到我们面前。那一刻，我和安妮无言，连礼貌性的惊诧和同情，都忘了表达。一只苍老的手，手背处红肿得像个小面包。为了远方的客人，老人家从早上就开始煮红豆汤，下午又到花园里摘新鲜的草莓。

这个瓢虫是可以吃的。老人没注意到我们的感动，颤巍巍地把瓢虫送到嘴里。我想，这种吃法一定来自一个世纪以前。

饭后，老人领着我们参观她的家。这是她花了两万美元买下的拥有租住权的老年公寓。也就是说，只要她在世，就可以住在这所房子里。如果她感到自己需要人照顾了，就可以付出较多的费用，搬到有专人护理的楼舍里。如果她的身体进一步衰退，就要住到老年医院里去，一天24小时都有医生护士照料。当然费用也就更高了。在老年中心居住的老人，只拥有房屋的使用权，如果他不幸去世了，房屋就由老人中心收回，老人的家属和后人不再享有房屋的继承权。

客厅很大，有专属于老年人的那种散漫的混乱和淡淡的陈旧的气息。在客厅最显眼的一面墙壁上，挂着很多盘子。

这是我年轻周游世界的时候买的。每到一个地方，就会买一个那里的盘子。每当看到这些盘子，我就好像又到了那些地方。岳拉娜老奶奶一边指点着，一边很自豪地说。

我看到了北美风格、南美风格、欧洲风格和亚洲风格……还有不知是哪里风格的盘子，它们挂在墙上，好像很多眼睛，眨着不同的风情。

你看，我还有一枚中国的印章，那是我在上海刻的。你可以告诉我，它在汉字中是什么意思吗？老奶奶说着，拿出一个锦缎的小盒，小心翼翼地打开来。

我看到了一方并不精致的印章，刻得很粗糙，石料也不名贵，总而言之，是在旅游旺地小摊上常见的那种简陋蹩脚的货色。看到老人那么珍爱的神情，我也显出毕恭毕敬。

这是什么意思？老人指着“岳”字。

这是山峰的意思，高高的山峰，我说。

哦，山的意思。那么，这个呢？老奶奶又指着“拉”字。

我沉吟了一下，觉得这个“拉”字，实在是不易解释。就算我勉为其难地做出一个动作，解释了“拉”，但马上她又要问起“娜”，我可就真的说不上来了。看着老人求知若渴的样子，我可不敢扫了她的兴。这样想着，我就说，在汉字里，有一些字是必须连起来用的，不可以分开，您的名字中的“拉娜”这两个字，就是这样的，它们连起来的意思就是——美丽的女孩。

美丽的女孩？岳拉娜老奶奶重复着，重复着。

我说，对了，就是这个意思。您的名字整个连起来念，意思就是——站在高高的山上的美丽的女孩。

我说完，看着安妮，给她一个清

晰的眼神。安妮，你可千万别揭穿我的解释。

安妮低下头，我看到她在悄悄地笑。

这真是很有意思的名字。好啊，我很喜欢我的名字的中文意思，我要把它告诉我的好朋友。岳拉娜老奶奶心满意足地说。

老人蹒跚着，指给我们看卧室和卧具。两张并排的单人床，好像幼儿园大班小朋友的宿舍。床上铺着雪白的绣花床单，熨得平板如铁，好像用米汤浆过。

这是60年前的床单了，我那时刚刚结婚，一下子就买了两条，一直用到了现在。

我和安妮熄了灯。在黑暗中，我对安妮说，我从来没有在一条有着60年历史的床单上睡过觉。

安妮说，不知我们会做好梦还是做噩梦？

我想会是好梦吧？

那一夜，睡得很沉，什么梦也没有做。早上醒来，天空把空气都染蓝了，岳拉娜老奶奶要带着我们到教堂去。

她把车库的门打开，开出一辆墨绿色的捷达车。老奶奶穿了一套杏绿色带条纹的羊毛衫裙，很高兴地发动了车。

我这辈子还从未坐过一位 87 岁的司机的车。我悄声问安妮说，这么大岁数的司机，还让上路啊？

安妮说，你是不是不放心？没事的。我昨天同老奶奶聊天，得知她已在这镇子上住过几十年，所有的路，她闭着眼睛也开得到。再说了，我估计所有的村民们都认识这辆绿色捷达，看到老奶奶来了，都会让她三分的。

教堂很近，但车走得很吃力。安妮悄声对我说，老人家的手刹一直拉着，没放下。安妮是一个非常优秀的司机，对这种情形简直骨鲠在喉。我要告诉老人家，安妮说。

我说，不可。

安妮说，为什么？这样对车是很大的磨损，而且也不安全。

我说，你刚才不是说过了吗？在这样萧条的小镇上，是不会有什么危险的。如果你说了，老人会不高兴的。不如你找个机会，悄悄地帮她拉起手刹。

安妮说，我还是要告诉她，我已经闻到橡胶的煳味儿了。

于是，安妮就对岳拉娜老奶奶说了关于手刹的事。果然，老奶奶没有一点感谢的意思，气呼呼地说，我的手刹没问题。然后，她就很生气地继续向前开车。

安妮不再吭声。我对安妮说，一只老母鸡哪里肯听一只鸡蛋的教训？这下你明白了吧？

安妮说，可我明明是为了她好。

我说，为了她好，就让她感到高兴吧。手刹不拉起来，当然是不好，可是你告诉了她，手刹还是没拉起来，老人家还很生气。你想想吧，究竟怎样更好？

安妮说，你这样一讲，我就把另一句到了舌头边的话，压回去。

我说，怎样的一句话？

安妮说，我看到岳拉娜老奶奶的羊毛衫背后，有一片污迹，好像是洒的菜汤。说还是不说？我决定不说了。

我说，安妮，我赞成你把这句话压回去。老人家的眼睛实际上已经看不到这样的污迹了。在她的眼睛里，杏绿色的羊毛衫是很美丽的。她很想在我们的眼中也是美丽的。我们就帮她维持住这样的想象吧，这也许是比说出真相更难达到的关切。

这样嘀咕着，乡村的小教堂已经到了。

大家穿得都很漂亮，教堂里弥漫着温暖的气氛。牧师在一系列的宗教仪式之后，说，在过去的一周里，谁家有亲人生病或是逝去，或者是自己的伤感和悲痛的事件，都可以在这个场合与大家分享哀伤……

我看到身边的岳拉娜老奶奶跃跃欲试。我有点奇怪，从昨天到今天，老人家的情绪一直很正常，她有什么伤心事呢？

果然，牧师的话刚落，岳拉娜就猛地站起来，动作之敏捷和她的年龄都有些不相称了。全场的目光聚向她。她深吸了一口气说，我有一件事要向大家报告，我的家里来了两位客人，她们是东方人，是从遥远的中国来的……

老人讲得很是得意，但全场有一些骚动。因为众人的心理是预备听到一个忧郁的信息，但岳拉娜老奶奶实在是喜气洋洋的。

老奶奶一边说着，一边示意我和安妮站起身来，向全场人们打个招呼。我们站起来，向大家微笑。

稍有一点尴尬。我猜，老奶奶一定是从走进教堂的那一刻，就期待着站起来报告自己家中的事情，她根本就没听到牧师的话，不知道自己现在有点不合时宜。

现场安静了片刻，大概大家也需要一点时间调整情绪。好在，人们很快就把肃穆的表情变成了笑脸，回应着我和安妮。

然后大家为海地的饥民捐款。礼拜过后，在教堂的小图书室里，还有一个小小的活动。

从教堂出来，时间已经不早了，岳拉娜老奶奶征询我们到哪里吃午餐。有两个选择，一是回家，她给我们做午餐。一是到老年中心，吃老年人的聚餐，饭票是 6.25 美元。

我和安妮选择了后者。让一位 87 岁的老奶奶做饭给我们吃，心里的不安宁可以把可口的菜肴变成对胃的压迫，况且我

也非常想知道老年中心的饭菜究竟怎样。

餐厅充满了粉红、嫩绿、湖蓝、奶黄等娇俏的颜色，还有许多有趣的小玩意儿，让人一点也不感到衰败和颓唐。老人们陆续到了，大家围坐在长方形的餐桌旁，盛菜的盘子在众人之间传递着。

盘子里有黄油、饼干、面包、猪排、炒豆角、煮甜萝卜、炸红薯、蓝莓派等。

营养是足够，味道实在不敢恭维。不管是什么主料作料，都是黏黏糊糊一派混沌，比起中餐的色香味俱全来说，天上地下。端盘子的是一个身材高大到你可以怀疑他是篮球中锋的青年，两只眼睛的距离较一般人要远些，盘子在他手中，仿佛都是纸片。他的笑容很单纯，初看之时，充满天真，看得多了，就觉出刻板。安妮小声对我说，他是一个智障青年。

我说，那为什么让一个残疾人来服侍老年人？

安妮说，在美国，人工是很贵的。服侍老年人，也不是非常复杂的工作，经过训练，智障人士也可以学会日常操作，而且他们会非常尽职尽责，热爱这份工作，这不是各得其所吗？

我知道对于纯粹的美国饭，最好的摄入状态是半饥半饱。照这个标准来说，我这顿饭吃得不错。

饭后，岳拉娜老奶奶载着我们在镇子里游荡。我之所以说游荡，是因为老人家并没有一定之规，开着开着一个急刹车，原来路口正是红灯，她没有看到，吓得我们赶紧把安全带绑得紧紧的。

在小镇的博物馆里，我看到很多妇女缝制的工艺被子，很像我们的百衲衣，由很多碎布拼接而成，只不过那些碎布不是从一家一户那里讨来的，而是把现成的好布剪碎，再千针万线地缝缀起来，真是辛苦异常。

岳拉娜老奶奶问我，你猜，缝制一床这样的被子要多长时间？

看着她很希望我猜不出来的眼神，并且判定我必然犯下猜的时间偏短的错误。我决定不能让她得逞，显出我不具备常识，就拼命把时间猜长一些。

每天缝制多长时间呢？为了胜券在握，我先要把标准工作日的时间搞清楚。

8 个小时吧。其实，这活儿一干起来，就会上瘾，一有空就会趴在案上缝制。不过，我们就按每天 8 小时算好了。岳拉娜老奶奶说。

那么，需要一个月，我指着一床看起来花样最繁复的被子说。

话一出口，我就从老奶奶得意的笑容上，知道我的答案覆没了。

一个月？你想得太简单了。告诉你吧，像这样一床花被，没有三到四个月的时间，是断断做不出来的。岳拉娜老奶奶很权威地说。

我相信她说的是真的，可我想说，美国妇女的手艺是否笨了一点？我相信，这类型的被子，在中国妇女手里，一个月的时间，绰绰有余了。

我问老人家，这里有您缝制的被子吗？

岳拉娜老奶奶立刻腼腆甚至羞惭起来，说，这里哪能有我的被子？我的手艺差得多呢（晚上我在岳拉娜老奶奶家，看到了老奶奶缝制了一半的花被。还真不是她老人家谦虚，她的手艺实在是够糙的了）。

在艺术馆里，我看到了一架瑰丽异常的中国屏风。岳拉娜老奶奶很夸耀地对我说，这是20世纪，这个镇上的美国传教士从中国带回来的，精美极了，据说是唐代的，很少见的。她说话的口气非常坦然，丝毫没想到我是一个中国人，看到自己祖先的遗物，在异国他乡漂泊，所感到的那腔酸楚。

我用手抚摸着屏风上的螺钿仕女图案，它温凉的细腻，灼痛了我的指尖。我不能确认它是否真是唐朝的文物，但它的确是很古老的。幸好它受到了很好的保护，也许从更广大的范围来看，我的哀伤可以稀薄一些。

小镇很冷清，年轻的人都到城市里去了，留下的都是老人。地面上铺着黄叶堆积而成的地毯，更添一分凄清。老奶奶又领我们到了镇上的图书馆。那是一栋有了年头的楼房，书不算多，大多数也很破旧了。和想象中的数字化闪烁不同，图书馆是传统和黯淡的。老奶奶说，她经常到这里来借书看。

接着，又参观了一家贵族豪宅改建的博物馆，显示着20世纪这个小镇的风貌，那时的服装，那时的餐具，那时的装饰，那时的工业……

是的，那时，这个小镇生产精美的铁玩具，在展柜里，摆着铁制的炉子、房屋、蒸汽机车、各种机器模型，制造得惟妙惟肖。还有很多古老的工具，让人想到熊熊的炉火和叮叮当当的金属声。但是，现在这一切都消失了，空无一人的厂房，丛生的荒草……人们都聚集到大城市去了，这里是一个虽未被遗忘却不免委顿的小镇。

我在小镇的商店里，买了一个铜制的小铃铛。晃晃它，会有脆得让人心疼的声音响起。说明牌上写着，一个世纪以前，美国乡村小学，就是摇起这样的小铃铛，告诉孩子们，上课啦！

最后是到当年林肯和道格里斯辩论处参观。那是一座小小的土丘，草在秋风中有一点苍黄。一处宁静的地方，两尊铜像，林肯坐着，道格里斯站着，看不见的机锋在空中交叉。我觉得这二位的姿势有点特别。想来若是一般的雕塑家，会把正义的林肯塑成侃侃而谈的站立姿势，也许再加上强有力地挥舞着的手臂什么的，把道格里斯塑成仰视的模样。但是这处雕像别出心裁，林肯坐着，举重若轻，道格里斯虽然站着，在感觉上却比坐着的林肯要矮，谁更有力量，就不言而喻了。

我在林肯传记中看到过这样的记载：在伊利诺伊州，道格里斯先生对来自本州各地的农民，发表了长篇演说，宣讲他于1854年新提出的法案。这个法案对奴隶主明显是有利的，林肯对这篇演说给予了回击，批驳了道格里斯的所有观点。林肯以异常的激情和活力对这一法案进行了抨击，逐一揭露其欺骗

性和虚伪性，法案被批驳得原形毕露体无完肤。从他口中说出的真理在燃烧，他激动地战抖着，道格里斯对自己失去了信心，意识到了自己的失败，局促不安，整个会场死一般的寂静……

今天，这里也是非常寂静，一个多世纪以前的唇枪舌剑，已经被萋萋青草吸附，只留下旅人的凭吊。

也许是因为白天跑得多了，这一夜，又是无梦到天明。和岳拉娜老奶奶告辞的时间到了，我拿出一条中国杭州的丝绸围巾送她，她很高兴。

分别时，我看着她佝偻的身影，突然非常感伤。我知道，今生今世，我再也看不到这位老人了，她已经 87 岁了，就算我几年后有机会再到美国来，就算我会再次寻找到这个美国中部的小镇，岳拉娜老奶奶还能继续到花园里，为我们采摘新鲜的红草莓，还会有一只红黑相间的美丽瓢虫，醉倒在冰激凌里吗？

在老奶奶 87 岁的生涯里，可能接待过多位外国的访问者，也许她会很快忘记我的。从我们的汽车尚未开出她的住宅，她就返回房间这一点来看，我想一定会是这样的。但我会长久地记住她，记住她搅拌冰激凌时那红肿的手背。

09 让死亡回归家庭

美国新奥尔良临终关怀医院的布朗女士，有着成熟的山西大枣样的肤色，眼睛也是大而棕的，一种湿润的温和蕴藏在里面，让人一见之下，就感到可以依傍。

依傍感是一种奇怪的东西。男人给人的可依傍感，通常来自高大的体态和宽阔的肩膀。一个柔和的女性，在完全不具备强壮体魄时，也一举让人感到深刻的信赖，这是眼神的魅力。

她的眼神有一点神秘，一点哀伤，更多的是宁静和清凉。她告诉我，以前从事一份普通的职业，因为父亲去世，得到了临终关怀医院的照料，父亲走后，就加入到这个行列之中。

我到过国内的临终关怀医院，那里有很多密闭的小屋和淡蓝的窗纱。在新奥尔良，我以为也会看到这些，但是，没有。临终关怀医院完全是一所办公机构的模样，明亮的灯光，闪动的电脑，彩印的宣传资料……没有白色的大衣，没有药品的味道。

在克罗地亚一处静谧的教堂里

墙上挂着一幅巨大的新奥尔良城区全图。很多红色的圈点，使这张图有了某种战争的气息，好像到处潜藏着特殊的碉堡。

谈话从斑点开始。

我问，这是什么？

布朗女士说，那些明显的圆环，是有急救能力医院的位置。那些微小的点，是我们目前负责的临终关怀病人。

我问，医生呢？为什么看不到他们？

布朗女士说，医生都到病人那里去了。他们按照地图上面分布的区域，各自负责照料若干病人，一大早，8 点 30 分，就去巡诊了。挨家挨户地转，要花费很多时间，所以这个机构里，是很少看得到医生的。

我们是为生命晚期的病人服务的，评价病人疼痛程度的工作，就由5位医学博士专门负责，教会病人把疼痛的程度分为10分，确切地描述自己的疼痛，以取得适量的药物，达到基本上无痛。还有资深的护士，走访病人家庭，为病人提供止痛服务。有专业人员指导病人的家属怎样给病人洗澡漱口，并有宗教人士提供帮助。除此以外，还有两百多名义工，提供帮助病人到商店买东西，晒晒太阳或是理发等服务。

我问，什么人才能住进这个医院呢？

话一出口，我就意识到这个问题不准确，没有病人住在这里。

布朗女士说，我们的口号是让死亡回归家庭。衰老后的死亡是一件很正常的事情，人们并不觉得成熟的麦子变得枯黄，然后倒伏在地，是多么恐怖和不可思议的事情，那是大自然的必然。旧的麦秸不回归土地，就没有新的麦株的繁荣。在20世纪以前，人的死亡是司空见惯的事情，孩子们从很小的时候，就看见和体验到生命的消失，他们会认为那是很正常的事情，是世界一个必须和不可避免的环节。但是，21世纪以来，由于技术的进步和医学的发达，人们把死亡的地点，由传统的家庭转移到了陌生的医院，死亡被排除出视野，死亡被人为地隔绝了。一位老人，哪怕他从来没有进过医院，哪怕他再三表明自己要死在家里，也没有人理睬他。人们渐渐认为只有死在医院里才是正常的，才算尽到了责任。如果谁死在了家里，舆论会认为他没有得到良好的照料。

现代化剥夺了人死在自己熟悉的安全的家里的权利，现在，是回归的时候了。让死亡回归家庭，让濒临死亡的人，享有最后的安宁与尊严。他们将在自己的家里和亲人的包绕之下，平静地远行。我们奉行的观念是——不必抢救死亡。死亡是不应该进行抢救的，因为死亡并不是一种失败，既不是医生的失败，也不是病人的失败，让病人安详舒适地死去，正是医生神圣的责任所在。我们的座右铭是——“尊严地死去”。这包括他是怎样洁净地来到这个世界上，他也要怎样洁净地离开这个世界。我所说的洁净，并不仅仅指的是尘土和污垢，而是指在死者的身上，不要遗留有人工的化学的放射的等强加给他的痕迹。常常有这种现象，医院里，人已经去世了，他的身上还插着很多条管子，输液的、输氧的……还有放射和电击的痕迹，那是很不人道的。

我们的医生每周每人出诊 28 次，很辛苦。他最多照顾 7 个病人，因为如果照看的病人太多了，对医生的压力就太大了。当医生发出病人垂危的判断之后，我们的护士就会 24 小时守候在病人的身旁，为他提供必要的服务。当然，也对病人的家属提供有效的支援，陪伴他们一道渡过生命中的难关。

1978 年，路易斯安那州首创了此种类型的临终关怀医院。除了止痛治疗之外，并不施行额外的延长病人生命机能的医学方面的治疗。现在新奥尔良共有 15 所这样的临终关怀医院，共帮助了 25 万死者在家中从容地离去。

我问，那么谁来决定一个人什么时刻可以进入这个医院？

布朗女士说：那要由医生开证明，证明病人的生命已不足6个月时，才可以在我们这里登记入住，因为服务费用是由州政府的医疗保险计划支付。

我问，那有没有医生的判断出了某种偏差，病人在半年以后依然生存的？

布朗女士说，有，那就要由医生重新做出评估，才可享受这种服务。

我们正谈着，一位名叫索菲的护士出诊回来了。她神采飞扬，精神抖擞，并没有丝毫我想象中的疲惫和倦怠。

索菲告诉我们，她从事这个工作已经3年多了，当医生发出病人的生命有可能在24小时内终止的时候，索菲就抵达病人家中，和他的亲人一道守候在他的身旁，一直陪伴到病人最后的呼吸。

我问索菲，你大约看到了多少位临终的病人？

索菲很认真地想了想，然后很抱歉地说，真的记不得了，大约，总有几百位了吧。

我便对面前的索菲肃然起敬，也有一点隐隐的畏惧。我看着她的手，心想，不得了，这双手送走过无数的人，也许具有一种非凡的魔力吧，临走的时候，我一定要好好地握握她的手。

我问索菲，你害怕吗？比如在漆黑的夜里？风雨交加时？

索菲说，不害怕，我以前就是一个护士，我喜欢帮助别人，我现在从事的这种工作，让我有很大的成就感。其实，人们害

怕死亡，是很没道理的事情。死亡是一件积极和充满神秘的事情，它是我们每个人的最后归宿。对一个正常的事件害怕，这才是不正常的事呢。

我说，索菲，临终的病人通常会对你说什么话吗？

索菲陷入了思索，说，他们通常是不说什么话的。之前，他们会对我致以谢意。最后，有时会留下一些莫名其妙的话，我猜那是他们看到了一些只属于死亡的画面。比如，我刚送走了一位病人，他最后说的话是：来了一辆金马车……

我说，你近日还有可能要在 24 小时内垂危的病人吗？

索菲说，有啊。

我说，如果方便，我能去看看他或她吗？

我并非有什么窥见死亡的嗜好，而是很想把更多更具体的所见所闻带回我的祖国。

索菲毫不犹豫地说，那不可能的，死亡是一件很隐私的事情，在没有得到垂危者和他的家属的同意之前，我没有权利把陌生人带到他的身边，虽然他可能是完全昏迷了，什么也感受不到了，但仍要尊重他。

我点点头。这一点就让我学习到了很多。

布朗女士最后同我谈到了死亡之后，对死者家属的支持。

我们会在 13 个月内同死者的家属保持密切的联系。我们会通过各种信息，将最近有亲人亡故的人，组织到一起，成立一个小组。假如是把因同样的病症，比如都是癌症而故去的人的亲属，组成小组，效果会更好。我们的社会工作者每隔 3 个月就同逝者家属有一次谈话，体察他们的哀思，提供尽可能的帮助。13 个月之后，就改成每年一次随访。

我忍不住问道，为什么是 13 个月，而不是 12 个月或 14 个月呢？

布朗女士说，因为亲人逝去周年和其后的一些日子，对逝者家属来说，是非常伤感的时刻，在这个时候提供必要的援助，非常重要。那种情绪的波动和孤苦的感觉，在逝者周年时将达到顶峰。同样的季节，同样的景色，都会强烈地触景生情。这是一个充满危机的时间段，如果能有人陪伴着，会好很多。

我立刻想起父亲逝去的日子，正是深秋，那种刻骨铭心的冷啊！从此，漫长的岁月里，每一个秋天都比冬天更寒凉。那时，多么渴望有这样关切的眼神，对痛彻骨髓的哀伤轻轻抚摸。

布朗女士说，不知道中国是怎样照料临终人士的？如果有可能，我愿意到中国去，无偿地义务地帮助中国的临终者。

我向她表示最诚挚的谢意。

让死亡回归家庭的理念，让人激荡。

我们原来是死在家里的，后来，由于科学的昌明，我们把死亡搬到了医院里，于是人类最后的温热眷恋，在雪白的抢救帷幕的包裹中，被轻易地剥夺了，遗留下另一种现代的残忍。

死亡再次回归家庭的时候，不是简单的复古和重复，而是对人类自身更多的珍爱和体恤。死亡回归家庭，是对逝者的福音，是对生者的挑战。它意味着需要更艰巨的工作，更庄严的承诺，更严谨的责任和更充沛的勇气。

告辞的时候，我紧紧地握了握索菲女士的手。她的手很软，很小，根本没有想象中力拔山河的力度，但我确知，曾有无尽的温暖，从这双柔若无骨的手中，流向另一个世界。

第Ⅲ辑

一束诞生于生命内部的光

所有燃烧发光的生命，
都来自祥和温暖之心，
此地就是你静思和与上天沟通的妥帖之处。

10 外科医生的圣殿

芝加哥的九月，寒冷已到十分。蔚蓝色的湖水抖动着森然的冷气，像要把人吸入湖底。在所有的预定项目之外，我对安妮说，我想去参观“国际外科博物馆”。

当过医生的人，就像是得过麻疹伤寒之类终身免疫的疾病，有了持之以恒陪伴一生的抗体——那就是对人长盛不衰的好奇与热情。早在北京家中得知我会到芝加哥的那一天，我就在本子上写下了——争取参观国际外科博物馆。

在观光手册上，关于这个博物馆，只写了简单的一行字“被誉为世界外科的圣殿”，然后就是地址和票价。

我不是外科医生，和我的内科技术相比，我的外科手艺相当不好。按说我的责任心不错，考试的成绩也是上等，但我知道，那是付出了多么惨痛的代价才换来的。

记得实习手术时，我总是不能轻巧地打开手术钳的锁扣，手术台上屡受器械护士的白眼。我只好把手术钳偷偷放在军衣口袋里，无论是坐着开会还是走在通往食堂的小路上，都在衣袋里窸窸窣窣地操纵着手术钳，练习着用最微不足道的力量，轻巧地完成手术钳的开合。若是有人在一旁冷眼看到了我的举措，一定以为我在暗中练习扒窃的技术，以求怎样神不知鬼不觉地偷人钱包。真是功夫不负苦心人，后来我几乎可以在下意识中完成打开手术钳的动作，近乎化境了。

真正的悲剧也就在这时降临。

一次手术，我因为紧张和慌张，居然在不该打开钳子的时候，手指轻轻一动，钳子应声弹开，病人的腹腔立刻变成了喷泉，鲜血如同香槟酒一样，冒着泡翻了出来，油滴样的冷汗顷刻将我厚厚的手术衣浸透……好不容易才将病人从鬼门关上招回来。

远了。还是回到寒冷的密歇根湖畔。我对外科手术的敬畏，使我从此远离了外科。当我完成实习以后，无论德高望重的外科主任怎样挽留，说他可以把我培养成一名优秀的外科医生，说这样的机遇对一个女生来说是多么的罕见和幸运，我都毫不犹豫地拒绝了。我被那一次喷涌的鲜血将魂魄浸软，残存的一点胆量，只够支撑我在博物馆里瞻仰外科。

我和安妮到达林肯公园附近的1524号馆址，已是下午时分。这是一座安静的灰色建筑，门口有外科医生的塑像。可能是临近下班时间了，除了我们之外，没有其他的游人。整个博物馆笼罩在寂静中，到处是金属的锈迹和反光，给人一种轻度的恐怖感。

这家博物馆的创始人——麦克斯医生，生于1880年，原籍匈牙利。19岁来到了芝加哥，1904年毕业于罗斯医学院。然后他自己开始行医，医治了无数的病人，成为享有盛誉的外科医生。他的性格在外科医生中当属凤毛麟角，仅仅操纵手术刀，无法使心安宁，于是他在1935年创办了国际外科大学。当了大学校长，他仍不满足，深感还不能表达他对于外科的热爱和献身，便于1954年买下了这座四层的灰色楼房，建立了世界上第一座外科博物馆。

博物馆里展出了大量的实物，主要是早期的外科手术器械。可能是年代久远，再加上那时的制造工艺简陋粗糙，很多器械现在看起来已近乎刑具。比如我在教科书上看到过“铁肺”这一名称，一直无缘得以亲见，此次见到实物，着实吓得不轻。它体积庞大，结构狰狞，好像一种逼人招供的刑讯设备，我真的怀疑，从这样的器械中能否走出过活下去的病人。

还有一种输血器，完全铁制，有个双向的开关，然后向不同方向接出两根管子，样子像个自行车的打气筒。如果不看说明，你绝想不到这是救人性命的法器。在输血器的上方，画着几幅示意图。真是拜托了这些当年的画家，才使我们今天得以知道这种奇怪的仪器是如何使用的。

输血器是一个负压的抽吸泵，它的两条管子，一条接在垂

年轻的朋友：

你们好！

青年时代，能够和自然贴近，走进大自然的怀抱，你会感到一种力量，从你脚下的大地和你头上的天空，从你身边的每一棵草和每一滴水，涌进你的头发、睫毛、关节和心脏……你就强壮和智慧起来。

好的旅行，会让人在某个时刻，滴下泪来。人在旅行中，会欣喜、会悲伤；会在感动袭来之时，悄无声息地完成有关灵魂的蜕变。

祝快乐！

毕淑敏

2014年11月12日于北京

危的病人胳膊上，另外一条接在健康的供血者身上。只要打开输血器的开关，就可以把供血者的血，源源不断地直接输入到病人身上。这个仪器如果仅仅展示到这里，除了让人惊讶输血器的简陋以外，还不致让人太出乎意料。但紧接着下面的一幅画面，就让人惊诧莫名了。原来，应用的时候，在输血器的另一端，就是供血者的位置，躺着的不是一个人，而是一条狗。

把狗血输给人，真是不可思议。但我相信，在输血的最早期，一定是做过这样的尝试。毫无疑问，那些悲惨的病人，都在更悲惨的输血反应中一命呜呼。我相信，同时死去的还有那些排危解难的狗。

在下一幅图画中，左侧还是痛苦呻吟的病患，右侧的供血者由狗改成了马……结果当然还是一样凄惨，人死了，马也死了。

屡屡的失败教育了早期的外科医生，在另外的图画里，我们终于看到是一个人躺在那里供血，而不再是形形色色的动物了。可是，人给人输血，有的病人活过来了，有的病人却更快地死亡了。

看到这里，我为100年间在暗夜苦苦摸索的外科医生感到辛酸。那时，他们面临着怎样的苦恼和未知啊。我们现在已经知道，人和人的血型至少有四种显著的区别，如果不化验血型就输血，输血反应导致死亡的概率起码要超过50%。同样的一个输血器，用在这个病人身上，他活了，用在那个病人身上，他却痛苦地死去了。这是一双怎样的魔手，在分配着性命的生杀予夺？我估计那时的外科医生，每次使用这个冷硬的铁家伙，一半是恐惧一半是希望，更多的是不可知的悲怆感。

并且，没有抗凝剂，没有输血计量设备，输血器一旦开始工作，天知道会有多少血流到病人身上，如果输得过多了，还要把输血器的反向装置开动起来，再把病人身上的血，回灌到供血者身上……也许因为我的医疗背景，面对着各式各样的古怪器械，不由得走火入魔，想得格外烦琐，叹息也就长声复短声。

还有骨科锯、碎颅器、凿子、子宫钳……年代久远，不知是当年的血迹（这不大可能吧）还是岁月的锈蚀，总之这些原来想必是银光灼灼的器材，如今人老珠黄，只剩下冷漠的粗粝。

安妮说，毕老师，让我摸摸你的手指。

我不知她是何意，把手递给她。安妮的手掌有涔涔的汗，指尖冷冷。我说，安妮，很抱歉，你不是医生，看这些切割人体的仪器，是一种残忍。

安妮说，是的，我一阵阵的恶心，不知当年创建这家博物馆的医生，是准备给医生们参观还是给普通人参观？我想说，对普通人来说，实在超出了能够从容忍耐的限度。

我承认安妮说得很对，你在这所博物馆里，逃脱不了一种压榨感，无助感，令人宰割的孤独感。也许只有在这里，人才能更深刻地感觉到什么是“外科”。当人的身体在这里被分割和解剖的时候，你对生命的认识，也就更直接和简明了。

人的血和狗的血、马的血，有分别吗？它们都是红色的，都是提供我们奔跑和跳跃的能源，在外科医生之前，没有人知道它们是不同的。外科医生带领着整个人类认识到这一点，为此付出了惨痛的代价和漫长的时光。

把那些残破的无可救药的肢体和脏器，从整体上切割下来，把那些可堪修补的部分穿针引线地缝缀起来，这是什么？这就是外科。于是，外科的器械就同木匠和铁匠，同缝纫匠和箍桶师没有根本的区别。如果一定要找出他们的不同，那就是外科医生的布料更昂贵，式样更简单，针脚更细密，操作的台案更狭小。而且，他们的产品往往是无法展示的，深藏在人体的洞穴中。

高大的馆舍里只有我们两个参观者，我们走到哪里，我们自己的呼吸就在哪里响出回声。那种突如其来惟妙惟肖的蜡像，往往吓得我们发抖。一个孕妇被按住四肢，在没有麻药的状态下，被人剖腹取出婴儿……濒死的产妇，飙射的鲜血，手舞足蹈的婴儿……

安妮对我说，你有没有发现，对付妇女的器械好像特别多？而且个个都很巨大沉重？

安妮的见解很有眼光，也许因为外科是男性世袭的领地，男医生占了绝对的优势，所有的外科器械都是以男人的操作方便为设计的前提。

由于女性的独特生理构造和繁衍生殖的使命，使得女性接受外科手术的机遇的项目更多。那些针对子宫的拉钩，为什么不可以做得更精巧和细腻一些？那些对付婴孩的工具，为什么不能更柔软和光滑一些？

感谢这间外科博物馆的不懈收藏。有很多东西，当它们孤立出现的时候，如同散落的野花，深藏不露的气味，因为稀疏而被遮挡和稀释。当它们浓烈地堆放在一起时，那种令人不安的气息就蒸发出来，熏得人不得不思考和应对。传统的外科忽视了妇女的生理特性，这是历史的遗憾。

我的步伐渐渐加快。安妮说，你在找什么？

我说，我在找中国。

是啊，既然叫作“国际外科博物馆”，就该有中国。终于，找到了，在一个角落里。没有实物，是一些连环画，画的是华佗使用“麻沸散”和关公刮骨疗毒的故事，图画很精致，一旁有说明：此画系一华侨捐赠，博物馆表示感谢云云。补上了空白，这很好，但这组画面更多的像一个传说和艺术品，同馆中其他部分斩钉截铁的实物相比，有一点孱弱。

直到闭馆的时间，我们才走出大门。我买了个小小的纪念品——一个塑料的关节：由股骨头和半扇髋骨组成。白骨嶙峋的，从直观美觉上，实在谈不上有多少乐趣。之所以买下，除了它的造型少见（在别的地方，你哪能买到比例如此精确的骨骼制品），更想到一个特别的用途。母亲年事已高，老相识中很有几位阿姨，因为缺钙，跌了一跤，就造成了股骨头骨折，躺在床上，足足半年休养生息。我敦促妈妈补钙，她却时常忘。这个小玩意儿，可以再形象不过地说明什么是股骨头，为什么它那么容易骨折而难以愈合。

标价 7 美元，不便宜。决定如果妈妈问起价钱，就说，嗯，只花了 1 美元。

11 费城被阉割的女人

写下这个题目，心中战栗。这不是我起的题目，是她自己——那个费城的女人对自己的命名。在那个秋天的午后，在费城雪亮的阳光下，我们都觉出彻骨的寒冷。

从华盛顿到纽约，中途停顿。从费城下火车，拖着沉重的行囊，我们要在这里拜会贺氏基金会的热娜女士，进行一场关于女性的谈话。

热娜是一位身材瘦小的白人女性，面容严峻。握手的时候，我感到她的手指有着轻微的抖动，似在高度紧张中。

我觉得美国人普遍受过训练，谙熟在察觉自我紧张之后的处理方式，那就是将它现形，直接点出紧张的原因，紧张也就不攻自破了。落座后，热娜挑明说，我有些紧张。通常，我是不接待新闻和外事人员的，只是因为你从中国来，我才参加这次会面。基金会接到来自世界各地妇女的咨询电话，每年约有

1万次。但是，来自中国的，一次也没有，从来没有。

我说，当中国妇女了解了贺氏基金会的工作之后，你也许就会接到来自中国的电话了。

热娜开始娓娓而谈。

贺氏基金会主要是为可能切除子宫和卵巢的女性提供咨询。在基金会的资料库里，储存着最丰富最全面最新近的有关资料，需要的女性都可以免费获得。

据我的统计，全世界有9000万妇女被切除了子宫，其中的6000万被同时切除了卵巢。在美国，每年有60万妇女被切除了子宫，其中的40万同时被切除了卵巢。卵巢和子宫，是女性最重要的性器官，它们不是不可以切除，但那要为了一个神圣的目的，就是保全生命的必须，迫不得已。而且，身为将要接受这种极为严重的手术的女性，要清楚地知道将要发生在自己身上的是怎样一回事，它有哪些危险，不但包括暂时的，也要包括长远的。

但是，没有，没有人告知女性这一切。有多少人是在模糊和混乱的情形下，被摘除了自己作为女性的特征。我个人的经历就是最好的说明。

热娜说，我的经历对我个人是没有什么帮助了。但我要说，因为它对别的女性可能会有帮助。厄运是从18年前开始的。我在宾夕法尼亚大学心理系任助理研究员，同时还在上着学。那时我36岁，有3个孩子，每天很辛苦，早上5点半起床，送孩子到幼儿园里去，晚上 10 点半才能回到家。我的月经开始不正常，出血很多。我的好朋友为我介绍了一个医生，我去看他，他为我做了检查之后说，我的子宫里有一个囊肿，需要切除。我很害怕，就连着看了 5 个不同的医生，他们都说需要切除。我记得最后一位是女医生，她说，你必须手术，你不能从我这里回家，因为你回家之后就可能会死，那样你就再也看不到你的孩子了。我说，做完了手术之后，会怎么样呢？她说，你会感觉非常好的。我还是放不下心，就到图书馆去查资料，书上果然说得很乐观，说术后对人不会有什么影响。我相信了这些话，同意手术。

手术的前一天晚上，我的感觉不好，很不好——我的第六感告诉我。我把不安对丈夫说了，他是一个律师，听了以后很不高兴，说你不要这样婆婆妈妈的，医生说你不做手术会死的。填手术申请表的时候，他说，这上面有一栏，必要的时候，除了子宫以外，可能会切除你的卵巢，我说，我不切。他说，可是我已经签了字了。我说，你换一张表吧，另签一次。这件事我记得非常清楚，那是犹太节的前一天。

后来，在手术中，没有征得我们的同意，医生就把我的子宫和卵巢都切除了。我是满怀希望地从手术中醒来的，但没想到，我整个地变了一个人。那种感觉非常可怕，没有词可以形容。我从医院回到家里，觉得自己的房子变得陌生，一切都和以前不一样了。我极力说服自己忽视和忘记这些不良的感觉，

在以色列国家博物馆前

快乐起来，但是我的身体不服从我的意志。子宫不仅仅是一个生殖的器官，而且还分泌荷尔蒙。切除之后对女性身体的影响，大大地超过人们的想象。据统计，76% 的女性切除子宫之后，不再出现性高潮，阴蒂不再接受刺激，阴道内也丧失感觉。很多女性的性格发生改变，变得退缩，不愿与外界打交道，逃避他人。如果你因此去看医生，医生总是对你说，这是心理上的问题，但我要用自己的经历说明，这不是心理上的，而是生理上的。

我的身体一天天差下去，做爱时完全没有感觉，先生就和我疏远了。我把自己的感觉告诉他，我说，我走路的时候，总是听到声响，我以为是背后有人，回头看看，没有人，可是那声音依然存在。后来我知道了，那声音是从我的盆腔里发出来的。可他不愿听。两个月后，我的情况越发严重起来，我的腿、膝关节、手腕、肘部……都开始痛，我连吃饭和打电话的力量都没有了，甚至看书的时候，没有力气翻动书页。我去看骨科医生，他说我的骨骼没有毛病。但是我的症状越来越重，医生们怀疑我得了某种不治之症，把我关进了隔离室。我连被子的重量都承受不了，医院就为我定制了专门的架子，放在床上，以承接被子的重量。

就这样煎熬着。医生们不知道我得的是什么病，但我非常痛苦。后来，我的丈夫和我离婚了。有一位实习医生说，他认识中国来的针灸大夫，或许能看我的病。我半信半疑地到中国城去了一趟，那里又脏又破，简陋极了。我是一个受西方教育的人，我很相信西医。我什么也没同针灸大夫说，转身就走了。

这样又过了两年。我的体重下降得很厉害，只有75磅，再不治，我马上就要死了。每天睁开眼，我就想，我还有什么活下去的理由呢？我想自杀。但我想到，一个孩子，他可能有第二个父亲，但他不会有第二个母亲，为了我的孩子，我要活下去。后来，我的朋友把我抬到针灸大夫那里。前几次，好像没有什么明显的疗效，但是从第四次起，我可以站起来了。到了第二个月，我的骨骼就可以承受一点重量了，我能戴手镯了。

每周两次针灸，这样治疗了9年后，我的身体渐渐恢复，我开始研究我所得的病，搜集资料，我的孩子也帮着我一起查找。这一次，我找到了我的病因，这是子宫切除后的典型症状之一。此后的两年里，我一直钻在图书馆里，直到成了这方面的专家。

这时候，我遇到了一位同样切除了子宫的女性，她只有28岁，切除术后，也是非常非常不好。她对我说，医生为什么没有告诉过我这一切？他们只说术后会更好，但真实的情况根本就不是那么一回事。她还说，在事先，我也问过一位同样做过这种手术的女友，我问她，会比以前更好吗？她说，是的，是这样的。当我做完了手术，感觉很不好的时候，我再次问她，她说，她的感觉也很不好。我说那你为什么不在事先告诉我实话呢？她说，她不愿说实话。她不愿独自遭受痛苦，她希望有更多的人和她一样的遭遇。

这时我才发现，有这种经历的，不仅仅是我一个人。在女人被切除子宫和卵巢之后，改变的不但是性，还有人性。我还见过一个女孩子，只有18岁，简直可以说是个儿童，也被切除了子宫。她热泪盈眶地说，为什么没有人告诉我一切？她的母亲也曾做过子宫切除，但她的母亲也告诉她，做过之后会更好。在手术之后，她对母亲说，为什么连你也不告诉我真相？母亲说，没有人敢说我没有性别了，说我丧失性了，就算我是你的母亲，这也是难以启齿的事情，这是隐私，你不可能知道真相的。

我知道这不仅仅是我个人的事情了，是众多的女性所面临的重大问题。我要尽我的力量，我到电视台去宣讲我的主张，我的孩子和我离婚的丈夫，都在看这个节目。我吓得要命，临进演播室的时候，我一口气吞下了两颗强力镇静剂。

我说，这个世界上有这么多被阉割的女人，有多少人是清楚地知道将要发生的一切，会给她们带来怎样深远的影响？医生不喜欢听“阉割”这个词，但事实的真相就是如此。我做研究，我喜欢用最准确最精当的词，来描述状态，无论那状态有多么可怕，这些女人有权利知道将要发生的事件。

我说，不要以为在这个过程中，女医生和过来人的话就可以听。女人伤害起女人来，背叛起女人来，也许比异性更甚。人性的幽暗在这里会更充分地暴露。

劝你做子宫摘除术的女医生会说，你还要你的子宫干什么？你已经有孩子了，它没有用了。在这种时候，女医生显示的是自己的权力。她只把子宫看成是一个没用的器官，而不是把它和你的整个人联系在一起。

在美国，摘除女人的子宫，是医院里一桩庞大的产业。每年，妇女要为此花费出80亿美金，这还不算术后长期的激素类用药的费用。可以说，在药厂的利润里，浸着女性子宫的鲜血。所以，医生与药厂合谋，让我们的空气中弥漫着一种谎言，他们不停地说，子宫是没有用的，切除它，什么都不影响，你会比以前更好。面对着这样的谎言，做过这一手术的女性，难以有力量说出真相，总以为自己是一个特例，她们只有人云亦云地说：很好，更好。于是谎言在更大的范畴内播散。

我并不是说子宫切除术和卵巢切除术就不能做了，我不是

这个意思。我只是说，在做出这个对女性有重大影响的决定中，女性有权知道更多，知道全部。

那一天，我说了很多很多。我都说了。我不后悔，可是我说完之后，我在大街上走了许久许久，我不敢回家。后来是我的孩子们找到我，他们说，妈妈，你说得很好啊。

我成立了这个贺氏基金会，我这里有最新的全面资料。当一个女性要进行子宫和卵巢手术的时候，可以打电话来咨询，这就是我现在的工作，完全是无偿的。我还组织全世界丧失子宫和卵巢的妇女来费城聚会，我们畅谈自己的感受。在普通的人群中，你也许会感到自卑，觉得和别的女人不一样，甚至觉得自己不再是女人了。但在我们的聚会里，你会看到这个世界上，和你一样命运的还有很多人，你就有了一种归属感，你会更深刻地感知人性。

热娜一直在说，安妮一直在翻译，我一直在记录。我们在费城只做短暂的停留，然后就要继续乘火车到纽约去。各自的午餐都没有时间吃，冷冷地摆在那里，和我们的心境很是匹配。

热娜送我们赶往火车站。分手的时候，她说，我说了很多的话，你几乎没有说什么话。可我能感受到你是一个善良的人，我现在很会感受人。从当年那个中国医生身上，我就知道中国有很多善良的人。

12 每一个赌徒都有自己的悲哀

我在美国和小绒一起游历，连续吃了几天西餐之后，我忍无可忍地说："胃提出抗议了，我今天中午希望吃到中餐。舌头强烈地呼唤宫保鸡丁或是饺子。"

小绒是个美国通，这时我们正在美国新墨西哥州。

小绒说："您以为这是旧金山或是纽约，中餐馆遍地开花啊？"

我说："不是说到处都有华人吗，咱们就找不到一个能吃中国饭的地方了吗？"

看着小绒为难的样子，我又于心不忍，赶紧找补："当然了，我也是经过艰苦锻炼的人，适应性也很强，实在找不到，就算了吧。"

小绒想了想说："如果没有特别地道的中国饭，您觉得东南亚餐如何？"

我自以为是地算了一下中国和东南亚的距离，然后想了想中国和美国要跨越重洋，想起了远亲不如近邻，觉得饮食上也是离得近比较相似吧？就说：“好，只要不是咖喱味太重就行了。”

小绒就带着我在城区走了一番，然后进入了一家门口有很多扑克牌雕塑的建筑。

那些扑克牌雕塑的确很有意思，我还在“老K”面前照了一张相，心想当年在寂寞阿里，有时候会和伙伴们玩“争上游”，那时候拿到这个威风凛凛的老K，胜利就多了保证。

直到走进大门，光怪陆离的灯光和琐碎快节奏的氛围，像温暖的水一样包围住我们，我仍然不知道这到底是什么地方。

我说：“这个餐馆可真够大的。”

小绒说：“毕老师真的不认识这地方吗？”

我说：“是啊，我以前从没有来过这里。”

小绒说：“毕老师就算是没有来过这里，也应该到过类似的地方呀。”

我觉得有点冤枉：“是，我真是没来过类似的地方。”

小绒相信了我，说：“这是赌场，中国人到美国来，基本上都要到赌场逛一逛的，不想毕老师真没来过。”

我奇怪说：“咱们不是说吃饭吗，怎么到了赌场？”

小绒说：“您有所不知，这赌场有一个特别发达的自助餐厅，什么口味的饭菜都有，特别召来了全世界各地的好厨子，做得一手好菜饭，无论什么人，都能找到适合的口味，吃过的人都说好。”

我说：“如果不赌，光是吃饭，人家会不会嫌弃咱？”

小绒说：“那不会，第一，餐厅和赌场也不挨着，你赌不赌的，餐厅的人也不知道，二来，就算您进来的时候不想赌，只为了吃饭，谁能保证您吃饱了，就不赌呢？人家想得开。”

于是我们就开始吃饭。时间的确是有点早，吃饭的人不多。饭菜供应的形态，类似自助餐，只是种类繁多到骇人听闻的样子。比如炒菜吧，一溜排开，大约有100种以上，不知道国内有没有这种大规模的自助餐台，反正我见识不多，觉得大开眼界。我一边寻找着自己熟悉的鱼香肉丝之类，一边小声问小绒：“赌场干吗在餐饮上这么下功夫？”

小绒一边挑拣着她爱吃的东西往盘里盛，一边说：“这很好理解。因为赌徒是24小时作战，饿了就要填饱肚子再战。如果到外头找个餐馆吃饭，一来二去的，脑子被风吹清醒了，就可能不回来赌了。现在这里一体化，吃饱了就会再接再厉。对于赌场来说，不怕你赢钱，就怕你不来。所以，他们在开设大规模赌场的同时，会配备非常好的餐饮，还很便宜。”

的确，这一餐饭，敞开来吃，只要10美元。

吃饱了，我们走出建筑。已经能够透过敞开的大门，看到红桃老K的拳曲胡髭了，突然一阵瓢泼大雨袭来。

小绒说：“看来是老天留我们赌一会儿。现在雨太大了，咱们没有带雨具，只能停一会等雨小些再走。”

我说：“好啊。”

小绒说：“那我就赌一会儿，可您在一边干等着，我也不落忍啊。”

为了让小绒安心地玩一会儿，我说：“那我就四周转转，等雨停了，咱们就走啊。记住，小赌怡情，大赌伤身。”

小绒说：“放心吧，我知道分寸，可是您玩什么呢？”

我说：“以我的水平，只能玩老虎机。”

老虎机那里很萧条，周围墙上贴着很多照片，都是老虎机如火如荼地往外吐银角子的照片，地上堆得小山一般，旁边靠着乐歪嘴的赌徒，底下还注明这个奇迹刹那，是发生于哪一年哪一月哪一天，言之凿凿。

我说：“这些都是真的吗？”

小绒说：“真的，上面有名有姓有头有脸的，不能造假。”

我说："不知道我今天的运气如何？"

小绒说："您最近情场上如何？"

我说："我就根本没有情场，可怜极了。"

小绒说："那就有希望了。这样吧，咱们兵分两路，我玩别的去了，一会儿我到老虎机这儿找您。"

估计老虎机是没有技术含量的赌博，被人鄙视。有一个面色沉郁的老头，看到我不知所措的样子，就走过来，告知我应该如何操作。我换了 10 美元筹码，用一个小桶装着可怜的几个镚，先找到一台机器，一个个塞筹码，很快就输掉了 5 个。我觉得这个机器不够好，就换了一台，这一次幻想着塞进一个就能哗啦啦落下一堆的情形，但又是失望。我马不停蹄地又换了一台机器，还是老样子。这样，我的筹码就输光了。

老头鄙夷地走过来说："你是一个新手。"

我说："是啊，如果不是下雨，我根本就不会来玩这个，不知现在雨停了没有？"

老头说："哼！赌场都是没有窗户的，不让赌徒们知道时间，你才能不断地赌下去。你听到这音乐了吗，多么令人躁动不安？你看到这周围的灯光了吗？多么令人眼花缭乱！靠机器来决定你的运气，这太没有技术含量了。你不能这样对自己的金钱不负责任！机器不能化解你的悲哀，而所有到赌场的人，都是有自己的悲哀的。这种悲哀，就是要在人和人的对赌中才能获得解脱。可是，机器是不懂这些的！"

2007 年，在巴西和治疗蜂毒的餐馆老人合影

我搞不清这老人是什么来历，他穿着破旧的衣服，也不整洁，看起来不是赌场的工作人员。每一台老虎机，都坚固稳定地安坐在那里，完全没有人看管。机器自动地运行着程序，好像躲在你看不到的暗处，兴高采烈地吞噬着你的财富。

我决定不再换新的筹码，不能让我的钱财就这么不明不白地消失在无动于衷的机器里。我决定去找小绒，她正在赌 21 点，我一叫，她就不玩了，说工作第一，按照原定计划，咱们下午有一个访问。

我问她："输了赢了？"

她说："赢了一点，大约 40 美元。"

我说："不错啊。"

她又关切地问我："您如何？"

我说："输了一小点，不过，我遇到了一个奇怪的人。"

小绒说：“什么奇怪的人？这里的人，只有两种，一种是职业赌徒，赌博成了他们唯一的兴奋点，还有一种就是咱们这种偶尔来碰碰运气的人，没什么奇怪的，不会有别的人在这里活动了。”

我说：“估计是个碰运气的人，因为我没有看到他赌个不停，云淡风轻袖手旁观的样子。”

小绒说：“听您这样一讲，我倒有点好奇。走，去看看这是个什么人。”

于是我们就朝老虎机的区域走过去。我很害怕那个老人不在了，这样刚才的遭遇就好像是一个梦。

还好，那个老人还在，依然不动声色地盯着我们，不知道沉郁的他究竟想干什么。

小绒看了一眼，说：“咱们走吧，我知道他是干什么的了。”

走得稍远，我迫不及待地问：“他到底是什么人呢？”

小绒说：“他是一个职业赌徒。”

我说：“看他并没有赌啊，从刚才到现在，最少半个多小时了，他一直没有赌啊。”

小绒说：“他只有很少的筹码，他要把它们都花在刀刃上。”

我看着圆乎乎大智若愚的老虎机说：“刀刃是什么呢？”

小绒说：“他每天都会守在这里，等着别的人来玩老虎机。

大多数人都是随便耍一下就走，落下两个币最好，没落下也无人计较。这老汉就每天在这里观察，看哪台机器很久没有落下大宗的筹码了。您知道机器的设计都是有概率的，在很长时间的潜伏之后，就会有一次激动的爆发。他每天都会来，这些角子机，就像他养的一些猪，哪一头肥了该出栏了，他心里有数。估计着静寂的时间够长了，火候差不多了，他就会用自己的筹码去顶那台机器，收获大批筹码的概率就会比较高。"

我半信半疑道："你认识他吗？"

小绒说："我不认识他。"

我说："那你何以讲得这样肯定？"

小绒说："我能看出他是一个印第安人。您知道，印第安人是没有多少谋生手段的，所以他就创造出这种生活方式。他很清楚这一切，他只有这样谋生。"

那一天，走出赌场的时候，小绒用她的筹码换回真的美元。我看到筹码换美元的地方，有一些摞在一起的筹码桶，小绒说："拿一个走吧，做个纪念。"

我说："装过那么多赌徒幻想破灭的小桶子，带回家中，是不祥之物，会做噩梦。"

小绒说："唉，您还有洁癖，那我跟他们要一个新的。"

果然，赌场的管理者，给了小绒一个新的筹码罐，小绒又转赠给我，"筹码都是金属的，很沉，装筹码的小桶子，质量很好。赌徒输了，有时会把仇恨发泄到小桶子上，摔啊砸的，所以它们的质量您尽可放心。做个笔筒吧，大小正合适。”

我还是不大想要。小绒说了一句话，我就收下了。

小绒说：“这是印第安人开的赌场，他们并不喜欢赌场，他们为生活所迫，不得不以此为生。他们认为美国联邦政府特别允许让他们开设赌场，是用这种方式让自己这个民族越来越游手好闲不劳而获，让年轻人丧失理想，沉迷于赌博和放荡。所以，他们一直努力要关闭赌场。将来您再来这里，也许就看不到这家赌场了，留个纪念吧。”

就这样，这个由赌场的筹码罐改头换面的笔筒，十几年后，还站在我的电脑桌上。它本应装着沉甸甸金属硬币的肚子里，斜插着几支签字笔，还有尺子和剪刀之类的小工具。我不知道它还会在这里站多久，只要它的质量还能坚守这份工作，就会一直在这里的。

只是不知道那家印第安人开设的赌场，是否还在？

小绒对我说过，他们是黑脚印第安人。

13 海明威的最后一分钱

基韦斯特是美国本土最南端的一座小岛，东西长约 5.5 公里，南北宽约 2.5 公里，像一只胖而舒适的卧蚕，睡在蔚蓝的海中。战争年代，由于基韦斯特独特的地理位置，这里是兵家必争之地。

我选择到基韦斯特一游，不是因为战争，或者说，也是因为战争——一位擅长描写战争的伟大作家曾在这里生活过，他就是欧内斯特·海明威。

半个多世纪以前，声名初起的海明威，厌倦了大城市的繁华生活，想换换口味，小说家约翰·帕索斯向他推荐了佛罗里达州的小岛基韦斯特。这座岛距离美国大陆的距离比距离古巴的距离还要远，地处墨西哥湾和大西洋交汇的水域，岛上长满了红树林、棕榈、胡椒、椰子、番石榴……天空飞翔着蓝色和白色的海鸟，云彩堆积着，巍峨得好像奇异的山峦。海水由深邃和清澈，变得近乎紫色，赤红色的水母遨游着，和天边的霞光呼应，构成了诡异的光柱。岛上居住着西班牙和古巴的渔民，是早年捕鲸人的后代，民风淳朴。海明威欣喜若狂地说：“这是我到过的地方中最好的一个，我一点也不留恋大城市的生活。纽约的作家，那都是装在一个瓶子里的蚯蚓，挤在一起，从彼此的接触中吸取知识和营养，我想躲开他们。”

基韦斯特岛的确非常美丽，让人沉醉而迷惑。但我想不通，在如此妖媚的阳光下，海明威哪里来的心境去描写流血的战争？我有个不登大雅之堂的心得，总觉得作品是某种地理时空的产物，就像野菊花是旷野和秋天的合谋。可能为了迅速纠正我的谬误，夜里，就让我见识到了加勒比海一场骇人的风暴。暴烈的阴云和能够置人于死地的狂雨让我明白了，这里的天空和海洋可以比拟任何战争与和平。

海明威在这座小岛上写下了《永别了，武器》、《午后之死》、《胜利者无所获》、《非洲的青山》、《有的和没有的》、《第五纵队》、《西班牙的土地》，以及《丧钟为谁而鸣》的一部分……这些小说，凿成一级级花岗岩阶梯，送海明威到达了不朽的山巅。

海明威来到基韦斯特定居以后，先是住在西蒙通街，后来搬到了怀特理德街 907 号，现在对游人开放的就是 907 号故居。它坐落在一条短短的安静的小街上，回想半个多世纪以前，这里一定更为清冷。宽大的庭院，一栋白色的二层楼房，绿得不可思议的树和曲折的小径。走进故居，首先接触到的是无数只猫以豹子般勇敢的身姿，在你脚下乱箭般窜动。这可能是世界上最无人管教的家猫了。还有一些猫不成体统地睡在小径的中央，袒胸露乳、放荡不羁。刚开始我几乎以为它们是死猫，它们委实睡得太沉醉了。别看这些猫其貌不扬（以我有限的知识，觉得它们是一些平凡的猫，绝无名贵之种），但它们的血统直接来自海明威当年豢养过的猫，个个是正牌后裔。它们气定神闲、为所欲为，赋予海明威故居以勃勃生机。它们是大智若愚的，对所有的访客不屑一顾，心知肚明，自己的祖上才是这厢真正的主人。

我在海明威的故居内轻轻地呼吸。

这套房子是海明威的第二任妻子波琳的叔父于 1931 年送给波琳的礼物，海明威在这里生活了 8 年。房子原先是栋西班牙风格的古典建筑，年久失修，门槛腐朽，墙皮脱落，房顶和窗户也有很多破损。海明威着手组织工匠把房子从里到外来了个大改造。这不是项小工程，尤其是设计方案，有很多是海明威自己完成的。

现在看起来，这是一套舒适而井然有序的房子。我原来以为海明威的写作间是阔大的，按照房屋的规模与格局，他完全有能力为自己做这样的安排。室内的陈设，估计很可能是凌乱的。但是，我错了。工作间异常整洁，面积也不算很大，铺着黄色的木质地板，齐胸高的白色书架靠在墙边，古典的西班牙

在古巴的海明威游船上

式的圆形写字台摆在地中央，阳光充足得让人想打喷嚏。在介绍海明威的书籍里，写着海明威习惯站着写作，他常常把打字机放在书架的最上一层。但在海明威的故居中，我看到的打字机还是规规矩矩地放在写字台上。

海明威还有一个我觉得很女性化的习惯，就是爱收藏小动物玩具，比如铁乌龟、背后插着钥匙的玩具熊、小猴子和长颈鹿造型的小工艺品……我在一些名人故居经常看到的是名贵的收藏品，显示着主人的身份。但是，海明威不这样，他让人看到的是一个大作家的率性和真实。

给我留下特别印象的是海明威孩子的卧室，地砖的颜色如同韭黄般鲜嫩。解说员告知，这间房屋的设计是海明威亲自完成的，铺地的材料是海明威专门从法国订购来的。

我偷偷笑笑。平心而论，和整套住宅华贵精致的风格相比，海明威为自己的孩子所设计的卧室，谈不上出色。不敬地说，甚至有支离破碎的堆砌之感。但我想，他一定是倾注了极大的爱心，单是把那些颜色暖亮得如同咸鸭蛋黄的瓷砖一路颠簸地运到这座小岛上来，就让人的心情从感动演化成嫉妒。不是嫉妒海明威的富有，是嫉妒那孩子所得到的眷爱。

海明威的庭院里，有一座露天游泳池。出门就是天然浴场的岛屿，从咸水的怀抱里掬出一座淡水游泳池，即使在今天，也是奢侈，更不消说，海明威是在半个世纪以前一举完成此项工程的。那时，这颗淡绿色的葡萄，是整座岛上的唯一。

在更衣室和游泳池之间的水泥地上，有一块灰暗的玻璃，落满了尘土。解说员将浮尘拭去，让游客看到一枚硬币镶嵌在水泥中央。由于年代久远，币面显出苍老的棕绿色。

这就是那著名的一分钱了。在观光手册上写着："海明威曾用两万美元修建这座全岛唯一的淡水游泳池。他说过，要用尽最后一分钱来建造。他做到了，于是在完工的时候，他就把自己的最后一分钱镶嵌在了水泥地上。"

浪漫而奢华的故事。海明威一掷千金为博红颜一笑，有点帅哥的味道。我却多少有些不明白。既然是求奢华享受，就不要这样捉襟见肘。就算捉襟见肘，也不要公告天下。就算要公告天下，也要做得好看一些。这枚锈绿的硬币，歪斜着，尴尬着，好像一张肿了的苦脸。

我把自己的想法对解说员说了，那是一个被热带阳光晒出一身麦黄肤色的青年。他说，自己祖居基韦斯特，对海明威很了解。

那一分钱的真相是这样的，他陷入了沉思。

海明威的妻子波琳执意要建造岛上第一座淡水游泳池。在她，这不但是一种享受，更是一种地位和财富的象征。海明威出于爱，答应了这个请求。家中当时并非富有，两万美元不是一个小数目，海明威抖空了钱袋的缝隙。施工很混乱，预算一再突破。有一阵，几乎要半途而废。海明威殚精竭虑，把最后一分钱都榨了出来，才艰难地完成了这座划时代的游泳池。为了表达这份窘迫和来之不易，海明威把一枚硬币镶嵌在这里。

海水拍打着珊瑚礁，往事已经湮灭在不息的浪花之中。我不知道在众多的海明威传记当中，还有没有更权威、更确切的说法，关于这一分钱，关于这座来之不易的游泳池。

从故居走出，我们在海明威生前最爱去的那家酒吧点了一种海明威最爱喝的酒，慢慢呷着。我想，我愿意相信解说员的解释。因为他那麦黄色的皮肤是一个强有力的注脚。从依然明亮的瓷砖到早已暗淡的游泳池，我在那座葱绿的院子里，除了记住了海明威的旷世才华，还感受着他的率真和独特的个性。

第IV辑

第二个太阳栖息的地方

凡是自然的东西，都是缓慢的，
太阳一点点升起，一点点落下，
花一朵朵地开，一瓣瓣地落下，
稻谷成熟，菩提树变老，都慢得很啊。

14 在喜马拉雅山的另一边

关于喜马拉雅山的这一面，我已经看得太多了。广袤无尽的高原，皑皑的雪峰。它们已经构成了我精神世界的贺卡，经常在睡梦中飘然而至。从 16 岁到 28 岁，我面对着这些世界上最高耸的山脉，度过了自己的整个青年时代。那时候，幼稚的我，常常望着壁立千寻的冰峰想：山那一边的世界，是怎样的呢？也有这么多的冰雪吗？也是这样人迹罕至吗？也是几乎寸草不生的荒凉吗？也有成群的藏羚羊自由自在地奔驰而过吗？

这样想了很多年，都是徒然。然而，想象也是有能量的，终于在年近 60 岁的时候，成行。

从成都到加德满都的飞机起飞后不久，就可以欣赏到连绵的雪山了。刚开始，雪山还是扭扭捏捏的，积雪只在背阴的地方悄然出现，从空中看去，有犹抱琵琶半遮面的羞怯。很快，雪山就勇武起来，肆无忌惮地膨胀着自己的体积，覆盖了目所能及的所有山峦。它们不再羞羞答答地躲避着太阳，只在阴暗处积聚，而是明目张胆地全方位地铺设在每一寸旷野中，从空中看过去，好似一头有很多肢体的白色巨兽，四仰八叉匍匐在大地上，酣然昏睡。云如羽扇般轻轻拂过，时而风起云涌地激动一下，造成局部迷乱，聚少离多的样子，时而遮天盖地，毫不留情地把峰峦叠嶂的山脉收入麾下，恍若宇宙之主宰。

大约半个小时之后，广播中传出机长的声音，说3分钟以后我机将飞越珠峰，所有的人都挤到了飞机的一侧。不知道是不是神经过敏，我觉得飞机因为重量的不平衡，一时间发生了侧斜。

这时恰好万里无云的晴朗。3分钟，我看着表，手握着相机，不敢眨眼。觉得从飞机舷窗中望出去的每一座雪峰，都疑似珠峰。这座世界第一高峰所在的喜马拉雅山，是一条东西向的弧形山系。

在空中看大地，心中会涌起略带疼惜的温情。所有的细节都看不到了，看到的只是莽莽苍苍的雪原。这是我们赖以生存的土地，眷恋的故乡，唯一的家园，并最终掩埋骨殖的地方。我们的一切，都是从这片苍凉中生发而出的，我们对它究竟了解多少呢？

雪山在机翼下鳞次栉比地涌动了大约半个小时，以每小时1000公里的航速来看，即使是在空中取最直线的距离，青藏高原的广度，也有500公里以上。面对着浩瀚的山体，你一定会惊叹大自然不可思议的伟力，你会纳闷这样庞大的山系是如何形成的呢？

地球可不是铁板一块，内部充满了熙熙攘攘的纷争。地下的物质对流如同极其缓慢但持之以恒的巨大传送带，运载着地壳的板块缓缓移动。板块之间的相互碰撞、错动、拱抬与张裂，形成了地球上各种各样的山脉、峡谷、断层和海沟。雄居世界之巅的喜马拉雅山，便是印度板块向亚洲板块冲撞挤压后隆起的巨大褶皱。

我以前总觉得把高山说成“褶皱”，实在矫情，好像你是神仙，在9万里的高空俯瞰地球似的。不过，如今只升到了9000米，也只有用“褶皱”这个词来形容山的重叠和拥挤。

科学家们在喜马拉雅山上发现了三叶虫、海葵、石菊等水生物化石，证实2000万年前，青藏高原是一片古海。喜马拉雅山脉最终形成，拜托印度次大陆与欧亚大陆碰撞而成，就像碰碰车一样。科学家们甚至开出了这样一张时间表：

大约5000万年前，印度板块向欧亚大陆前进，在西藏雅鲁藏布江的缝合处，向下方俯冲，出现第一个俯冲带。

3500万年前，印度板块锲而不舍地继续推进，岩石层发生分裂，地壳物质受到挤压，又在缝合带附近继续堆积，奠定了喜马拉雅山脉的最初基础。

时间到了2100万年前，印度板块俯冲的深度已达到100公里，由于欧亚板块上地幔的浮力太大，该俯冲被迫停止。执拗的印度板块并没有善罢甘休，它偏偏头，开始向北迁移，于是出现了第二个俯冲带。俯冲带使得它上方的地壳隆起，便形成了世界上最高的喜马拉雅山脉。

在1100万年前，由于欧亚板块上地幔的浮力，使得印度板块的俯冲带又被迫停止。印度板块不甘心，寻找机会继续北上，这就出现第三个俯冲带，再一次使喜马拉雅山隆起。

根据以上这种解释，喜马拉雅山脉的隆起不止出现一次，而是多次。证据之一，就是喜马拉雅山脉的物质成分，主要是印度次大陆地壳，而不是欧亚大陆上地幔的物质。

这个过程听起来有点可怕，又是碰撞又是俯冲，好像汽车追尾一样，而且这种变化至今并没有停止，依然在继续。喜马拉雅山还在长高，地壳在沧海桑田的变化中乐此不疲。不过，请放心，你不必害怕。大陆漂移的速度比我们指甲的生长还慢，各板块之间并不是撞得头破血流，而是潜移默化。不过也不可小觑滴水成河的力量，亿万年后，微小的变化也会积攒得大地面目全非。

说了这么半天，离题远了。说时迟那时快，我们已经飞到了喜马拉雅山南麓。这一边多裂谷，山体急剧地收缩下滑。好像珠穆朗玛在青藏高原绵延几千几万里的高昂之头，令它疲倦了，一个跟头跌坐下来，完全不顾世界第一高峰的身份，骤然降下数千米，化作了平凡湿润的谷地。

当你在天空飞越，清晰地看到喜马拉雅山这座屏障，将山的南麓和北麓分割成完全不同的世界时，“炸”开喜马拉雅山的念头就会蠢蠢欲动。

印度洋的暖湿气团生成后，在西南季风的吹动下，向北面推进时，高耸的喜马拉雅山成了极难逾越的天然屏障。急于北进的暖湿气团不甘心，四处游动，终于找到一个豁口，那就是——雅鲁藏布江大峡谷的尾口。暖湿气团蜂拥而入，可惜进入蜿蜒曲折的大峡谷后，逐渐失去它所向披靡的势头。水汽通道在顺手造就了藏东南的绿洲之后，后劲松懈，还没走到藏北就偃旗息鼓了。

如果真能炸出一个大口子，使得这条通道输送的水汽更多、更畅快，减少途中的损失，不是就有可能改变西藏的气候吗？更多的暖湿气流长驱直入，进入藏西北，青藏高原会变作江南。

科学家们模拟了有关实验，结果是否定的。就算炸开 50 公里的口子，在最佳气候条件下，中国三江源地区，降水量只会增加 20% 至 25%。

退一万步讲，就算真的计划要炸喜马拉雅山，如何才能顺利完成这个任务呢？依靠炸药手榴弹地雷什么的常规技术，绝无可能。用原子弹吗？核武器目前还没有用于开山凿洞的记录。要知道，喜马拉雅山脉庞然大物坚不可摧，主峰珠穆朗玛一半在尼泊尔境内，哪怕是咱炸自己这一侧，也要得到尼泊尔，甚至更多国家的同意，核武器将严重破坏环境，邻国也不能答应啊。

如此说来，把喜马拉雅山炸个洞，改变雅鲁藏布江中、下游干旱及沙漠化严重局面，实际上只是一个科学幻想。真把喜马拉雅山炸通了，破坏了原有的生态平衡，谁知会发生怎样的变局？很可能是灾难。自然界自有铁律，人类不可妄动。

在尼泊尔，结识了一位精明强干的当地青年，到过中国，会说中文，爱笑爱思索。

我说，你觉得中国和尼泊尔有什么不同。

他说，中国很大，尼泊尔很小，中国现在有了很大的发展，尼泊尔呢，还比较落后。

我说，你说得很好，不过，咱们就不讲这些政治经济的情况，单说说感觉上有什么不同？

他笑了，露出极为整齐雪白的牙，说，是节奏啊。尼泊尔节奏很慢很慢，几千年我们就一直是这样的节奏，尼泊尔人都习惯了。中国的节奏现在很快，而且越来越快。我的朋友从中国来，说一下子不习惯尼泊尔这种慢节奏，但是几天过去，静静待下来，就觉得这种节奏很舒服，适合人的身体，还有大自然。您看，凡是自然的东西，都是缓慢的。太阳一点点升起，一点点落下。花一朵朵地开，一瓣瓣地落下。稻谷成熟，菩提树变老。都慢得很啊。那些急骤发生的自然变化，多是灾难，比如火山喷发，比如飓风和暴雨，比如山崩地裂加上海啸……身体也是慢的。一个孩子要长大，是很慢的。一个人睡觉，也是很慢的。要很久很久，从日落到日出，人才能休息过来……

还有呢？我问。

他认真地想了一下，说，是耐心啊，是脾气啊。中国的人，现在情绪上都比较紧张，不耐烦。尼泊尔人基本上不发脾气，慢慢来，就算有很严重的事儿，也不着急。

不知道再问什么。我也学尼泊尔人，只是微笑和无所事事地张望，眼神不聚焦而安然。自然界的喜马拉雅山是不能炸通的，但人心的喜马拉雅，可否有习习的和风持久地吹拂？

15 廷布：寻找幸福

不丹的首都叫作廷布，不丹的首都廷布市有多少人呢？说出来可能大家会吃一惊，它只有 5 万人。有的朋友可能会问，这么小一个国家，这么小一个城市，究竟有什么地方打动了你，为什么会选择去这样一个地方旅行？这个问题问得好。人是需要理由的动物，我们在做什么，我们怎么想？我们为什么要这样说？其实背后都有一个意味深长的原因。

不丹成立于 1907 年，历史非常短暂。对于不丹来讲，它目睹了自己邻国尼泊尔的整个发展方向，也以此为借鉴，探索自己的国民发展之路。作为国王世袭制的不丹，统治者是旺楚克家族。现在正在不丹执政的旺楚克五世是一位“80 后”年轻国王，长得神似演员刘德华，据说，他在不丹国内受到非常高的爱戴。这位“80 后”的国王也与自己的父辈一样，在英国完成学业，毕业于著名的剑桥大学。

不丹如今是民主制国家，国王也要接受议会的监督，如果人民对国王不满，可以通过议会弹劾国王，甚至罢免国王。2008 年年底，现任国王旺楚克五世加冕登基，成为世界上最年轻的国家元首，而他的登基是他的父亲旺楚克四世主动让位的结果。在国际社会，旺楚克四世是一位引人注目的人物，他不仅推动了不丹全国的各项改革创举，而且在自己任上还政于民，使不丹从一个王国成了现在的议会民主制国家。

旺楚克四世是在英国的牛津大学读书，17 岁的时候，突然得知他的父亲生病去世了，被人从伦敦的学堂叫回了自己的祖国，加冕就任为国王的。当时世界上各国媒体纷纷评论，“这个雪山小国有了一个童话般的国王”，但实际上，新即位的旺楚克四世所面对的是一个贫瘠的国家。不丹位于喜马拉雅山南麓的东段，高山峻岭，平均海拔在 3000 米以上，98% 的土地都是丘陵和高峰，20% 的国土终年在皑皑的积雪之下，真实的不丹是一个资源并不丰富的山地小国。

年轻的旺楚克四世用两年的时间，走遍了不丹的山山水水，同时也在世界很多地方进行过考察，这让他心里充满一个新的疑问：是否要让不丹复制尼泊尔走过的道路？开放自己的国家，然后极力开采资源？这样做对于不丹，会是福音或灾难？

经过重重的深思熟虑之后，旺楚克四世国王最终提出了关于幸福指数的这样一个概念，它的核心在于，一个国家不能以国民生产总值这样一种金钱观作为衡量国民幸福感的唯一标准，而应以国民是否感觉自己幸福作为最重要的衡量标准。

这几年，我对于怎样能让自己更幸福，也能让别人更幸福的这个问题有点着迷。不丹，这个喜马拉雅山南麓的山地小国，尽管自然条件并不好，国家的收入也不高，可是，他们却提出了一套令整个世界都为之感动的幸福指数的系统。我觉得百闻不如一见，要亲自到不丹去看一看，看这个号称亚洲最幸福的国家，是否真像人们传说中说那样幸福？幸福指数是否真的能够在这个物欲横流的时代有那种点石成金的能力，让人们没有金钱也能够感受到幸福？

等到我真的下定决心要做这件事情时，才发现要去不丹并不容易。

首先，不丹至今没有和中国建交。要知道，要前往一个还未曾建交的国家，我们的签证都要送到第三国去代签，出境手续十分复杂。

其次，去不丹实在是一次昂贵的旅行，游一次不丹的花销比我们周游欧洲好几个国家的费用加起来还要多。不丹还对前去的旅行者实行了严格的限额制度。也就是说，不丹每年能够接受的外国旅行者的数目大概不超过一万人。如果这一年去不丹的旅行者已经到了额度，那么对不起，绝不再接受新的旅行者。而且，不丹不允许个人的自驾车游，如果旅友还憧憬着背上行囊，风餐露宿地到那里去自助旅游，基本别想，这在不丹

2010 年，在不丹政府门前

是完全禁止的。

最后，去不丹就只剩下一种选择，到旅行社组团。

去不丹需要从尼泊尔转机，再从加德满都坐飞机到不丹的首都廷布，中间只有一个多小时的飞机旅程，可是这一个多小时旅程，真是让人惊心动魄。因为当时在我们的旅行团里，突然爆发了一场严重的疾病。刚到达加德满都机场，大家就开始出现剧烈的腹泻，而且还有很多人呕吐。

大约 80% 的团员都感染了疾病，当时我们面临着要么留在加德满都，要么继续坐飞机飞往不丹。最后大家经过商议，决定继续前进，因为此时如果临时改签机票，手续烦琐，实在太复杂，于是这个 80% 成员都是患者的旅行团，毅然从加德满都起飞，前往不丹。

当飞机降落在廷布的机场时，我们去参观的第一个景点，就是不丹的医院，因为整个旅行团此刻已经几乎全被病魔击倒，当务之急就是先到医院里去看病。

这样一来，最先给我留下深刻印象的就是不丹的国立医院，他们的医生都毕业于印度或者英国的医学院，非常专业、仔细。大家应该都有过患病和治病的经验，特别是我们中国人常说穷家富路，出门在外得了这么严重的疾病，治病的钱是绝对不能省的。所以我们一直和当时负责接洽的不丹导游说，赶快拉患者去最好的医院，用最好的药，花多少钱都没事儿。我们彼此还在商量，谁带的钱多，谁的银联卡更好用，我们已经做好心理准备要面对高额的医疗费，以确保团队的成员们能够尽快康复身体。

就这样，一行人在不丹的医院里做了一系列检查，然后输液、化验，医院各方面的治疗措施都做得非常及时。等所有检查事项都做完了之后，我们想到了交费的环节。然而让人惊讶的是，当我们和不丹的医院咨询所花药费的时候，他们非常肯定地告诉我们："没有任何费用，在不丹的领土上，所有人的医疗是完全免费的。如果你们病情进一步恶化，将由不丹政府承付所有费用，送去国外救治。"

听到这番话，所有人的眼睛几乎都瞪得像鸡蛋那么大。从机场前往不丹国立医院的路程中，我们一路已经目睹了一些不丹普通居民们的生活状态，也看到了沿途的风光。不难看出，不丹仍然是一个发展中的国家，一路上看不到豪华的建筑，也没有巨大的工厂，视线所及之处，看到的是有些贫困的国家。

可就是在这种情况之下，不丹制定了自己的发展策略：全民免费教育、免费医疗，甚至包括国外的旅行者，只要在不丹的土地上患病，他们都全力救治，不取分文。通过这个旅行中的小插曲，我们确实亲身体会到了不丹对于生命权的尊重，以及对所有人生命一视同仁的大爱之心。

不丹并不是一个富饶国家，这个世界上比它实力更雄厚的国家数不胜数，但是我们即便去美国，也不可能享受到作为一个旅行者的免费医疗。欧洲的若干国家甚至会要求旅客在旅行之前，购买最少 80 万的人身保险才肯给予签证，因为如果旅客在当地一旦生病，势必要有医疗保险来支付，而他们是不可能支付的。

在不丹的国民收入里面，12% 的支出比例用作全民的公费医疗，18% 的支出比例用作全民的义务教育。

在不丹看到的小孩子都穿得非常整洁，他们所有的学费由国家支付，所有的杂费包括书本、文具也都由国家支付。他们还有非常漂亮的校服，而不像我们国内的孩子们总是身着那种很宽大、类似于运动服、千篇一律的校服款式。他们的在校学生冬天有冬天的校服，夏天有夏天的校服，从毛背心到鞋子，甚至女孩连佩戴的蝴蝶结头饰都是统一配发的。

我曾好奇地问过不丹的朋友们：国家为什么连这个都管呢？他们的回答也很耐人寻味。他们说，因为不丹尊重文化，希望孩子们从小就感受到上学是光荣的，不仅是一件美丽的事情，还受人尊敬。还有一份数据，也特别能够说明这个细节对整个不丹民族带来的影响。在不丹，所有到世界其他国家留学的毕业生，99%都会返回不丹，他们愿为自己的国家效力。

在后面的日子里面，我们看到的不丹人民无一不是面容祥和、性情温柔，看不到任何争吵，也没有剑拔弩张的氛围。后来我回想，对于生命权的尊重，可以在我们内心的深处引发一种安稳感。如果你是不丹的国民，无论得了多严重的疾病，都不会有那种深不见底、不知要花多少钱才能挽回自己或亲人生命的恐惧感，你知道，有一个强大的力量将帮助和支持你渡过难关。这种给予人们内在、深层次的稳定感，而由此生发幸福感，的确是非常重要的。

我们去不丹的时候，恰逢合家团聚的春节。大年三十的晚上，我们在外面参观完了以后，返回途中，就等着收看央视的春节联欢晚会。其中，我们团里有一个人还提议说：是不是跟在不丹的中资机构打个招呼？我们到他们的办事处蹭一下电视节目看呀，太想看春节联欢晚会了。然后，大家很快就互相提醒：哎呀，在这里哪有什么中资机构，我们国家在这里连大使馆都没有。之前已经介绍过，不丹和中国并未建交，所以当时我们心情感觉有些遗憾。在这样一个合家欢度的除夕之夜，自己却身在异乡，连中国大街小巷正在观看的春节联欢晚会都看不到。然而，当我们风尘仆仆地走回宾馆时，发现宾馆所有的工作人员都留在那里，等着欢迎我们。

后来我们才知道，不丹习俗过藏历的新年，恰好我们过除夕的那一天也是他们的除夕，大年初一那一天也是藏历的新年。对于非常注重亲情的不丹人来说，这一天也是他们合家团圆的重要节日，可是所有的工作人员却为了远道而来的我们一直等候在宾馆里。我们到了以后，他们表情有些腼腆地说："按各位家乡的习俗今天是应该要吃饺子的，可是我们不会做，不过我们一起学着包了你们的饺子，请尝一尝，不知道合不合口味。"等服务员端上来一看，果然正是饺子。

在我看来，他们用心准备的不仅仅是一顿饭，而是一份深重的情谊。接着，宾馆的工作人员还请我们到一旁休息，说已经把电视机调好了频道，此刻正播放着中央电视台的春节联欢晚会，连入座的椅子都为我们摆好了。在那一刻里，我们的感动又加重了一分。经过这样一个旅行中难忘的插曲，不丹的廷布给我们留下了非常美好的印象。

不丹人还有一点给我留下非常深刻的印象，那就是淳朴。我曾经在2008年的时候坐船环游世界，绕地球一周，途中经历了几十个国家。再加上以前零零星星的国外访问，我已经去过世界上很多地方。可以特别坦白地说，没有一个不要小费的地方，即便是朝鲜和古巴这样的社会主义国家。如果现在参加旅行团前往朝鲜，你还会看到通知书上非常清楚地写着需要交多少小费。去古巴也是如此。

唯有在不丹，我曾请一个当地人帮忙提行李，当我把小费给他时，他坚决不拿，带着一脸淳朴的笑容，不停摇头。我想可能不好意思当面拿吧，于是就把准备好的小费放在行李的拉链上。那个拉链是环状的，我把准备好的小费插在环中心，心想当他过来提行李时，搬运过程当中，可以顺便把钱收走，这样彼此都能心安理得了。过了一会儿我再去看，行李已经放在了应该放的地方，可是那一块钱仍然还在风中抖动。

早上出发的时候，我把准备的小费放在电视的遥控器上。这是我在世界各地付小费时通常采用的标准放法。如果放在隐蔽的角落，房间服务员可能会看不到，如果放在非常明显的地方，又显得对人不够尊重。放在这样一个既能看见，又不是特别打眼的地方，我想这也是对服务员的一种尊重。

但是出去旅行一天回来，我回到房间的时候，看到那一美元居然原封不动地在那儿，难道打扫房间的不丹的服务员没有看到？第二天，我特意把它放在台灯下面。宾馆的服务员每天都要擦桌子，擦拭台灯时肯定会注意到。我想这回他应该看到了吧，可是第二天回来，那个淡绿色的一美元依然还压在台灯下面。

我大惑不解，不得不去问我的邻居——团友们：你们的小费付了吗？他们说付了。我又问服务员要了吗？他们说没有。在那一刻我真的感到很惭愧，面对如此清澈的心灵，我们的想法反倒有些龌龊。

旅行团发给我们的不丹旅行册上这样写着：在不丹，不要付小费，也不要给不丹儿童糖果，那样你会毒害了他们的心灵。当时我心想这可能只是一句客套话吧，不丹有地主之谊，当然可以对来访者提出这样的劝告，但是对我们来说，出于礼貌也于心不忍，难免要表示下心里的感谢。

通过这几件事情之后，我真的觉得在我们这个地球上，有很多很多的国家，有各种不同的意识形态，但唯有在不丹，才可以感受到那种真诚的、发自内心的友善。我想这可能也是一个侧面的最好案例：证明不丹能够让自己的国民拥有无处不在的幸福感。人一旦拥有温饱，也会拥有尊严，人拥有安全感，就有了存在的价值，在自己幸福快乐的同时，给予别人更多尊重。

我曾在不丹国家邮局买到过一份非常珍贵的藏品——CD邮票。这是不丹的卓越之处，他们出产全世界独一无二的CD邮票，这个邮票不但可以贴在信上，把信件寄回自己的祖国，如果把邮票揭下来，就会放出非常好听的不丹民族音乐。邮局的工作人员还负责地给游客照相，然后制作非常有个性的邮票。购买时发生了一个有意思的插曲，邮票刚做了一半，工作人员突然说，我做完这个邮票，就不做后面的邮票了。

大家很疑惑，这是为什么呢？现场有很多人还在排队等候呢。不丹邮局的工作人员非常温和地告诉我们：已经到了下班的时间，我要下班了，要回家去和家人吃饭，下午两点半的时候我再来上班，请你们那个时候再来。不丹人的生活观就是如此，不会因为很多人在排队，能够多挣一点钱，就放弃自己的休息时间。

按照国外最新研究结果，什么是贫困？现在已经有一个很新的概念：那就是贫困不仅仅意味着没有金钱，还要看丧失了多少时间。今天的社会远比过去富裕，特别是多数发达的国家，已经积累了巨大的财富。可是有多少人在获得财富的同时，也丧失了时间，丧失了自己自由发展的空间？这种新的关于时间贫困的理念，也是在向我们敲起警钟。不丹人民在这方面就做得很好。视线所及之处看到的人都充满了善意，充满了一种既为人着想，又坚持自我空间的生活节奏。

所有经历的种种都让我对不丹无比喜爱，它是一个既有古老的文化，又有着不同凡响、崭新思维的国家。不丹的人民，既具备淳朴与温顺的品质，又有灵活与变通的思维。

在旺楚克四世国王的倡导之下，不丹的首都廷布专门成立了一个机构叫“幸福指数研究所”。这个幸福指数的研究所提出了一项非常缜密的计划。第一步，它设立了一份试卷，发放给全国人民，看人民对于幸福有什么看法，有什么希望，以此思考怎样才能让人民感觉到更幸福。这份试卷，一共有 290 个问题，当我把这 290 个问题都打印出来的时候，足足用了 34 张纸。当我把这 34 张纸摆在一起的时候，在那一刹那间，我仿佛感觉到，它像是藏着很多幸福秘密的一匹土布，而且是由

不丹人民把它织出来的。里面有一些问题真的深深地击中了我，比如这个，你可知道你曾祖父母的姓名？

特别坦率地说，我真的不知道。我知道自己祖父母的名字，但是我不知道曾祖父母的名字。我看着这道题，心里涌上深深的遗憾。我觉得今生今世，可能很难有机会把这一个巨大的遗憾弥补起来，因为他们已经湮灭在历史的烟尘之中。或许我们心里会觉得，如果自己的曾祖父母或者高祖父母或者更高的父母，如果他们是名门望族的话，我们可能会记得，但如果像我的曾祖父母一样，都只是普通的农民，我们就会将他们淡忘。

在不丹的幸福数据统计试卷里，为什么会有这样的问题？我思考之后发现，其实它关系到我们从哪里来。热爱自己的民族，热爱自己的文化，热爱自己的历史，这并不是一个空洞的概念。它要有细节来支撑，要落实在很多很多这些看似不起眼却和我们息息相关的问题里。所以我觉得不丹非常有远见，“爱护我们的文化，保护我们的文化”，在此不是一句空洞的口号，而是化为了这些具体的行动。

不丹的幸福问卷里还有其他一些看起来很奇怪的问题，例如，你今年种树了吗？看到这个问题，我愣了很久，因为今年我没有种过树。当然，我曾经种过树，可是我们是应该年年去种树。对不丹而言，它是一个山地的国家，森林覆盖率一直在60%以上，但是它仍然对人民强调绿化自己的祖国。

据说这是由于不丹在之前曾走过少许的弯路，把砍伐森林作为经济发展的一个支柱，结果当时不丹全国的森林覆盖率一下子降到了60%以下。但是在这项非常严格的恢复植被的措施作用之下，不丹现有的森林覆盖率已经达到了72%，绿化、保护水土的制度已经写进了宪法。

大家可能会好奇，不丹资源有限，森林那么多，如果不能砍伐，那不丹靠什么来维持经济呢？答案是水利。不丹位于喜马拉雅山的南侧，地势险峻，落差极高，河流从一个高耸的山峰，不停流动到另一个峡谷的地带，水利资源十分丰富。虽然知道水利是不丹的经济命脉之一，可是在那些天的旅行当中，我们却没有看到一处水电站。这点当然很好奇啊，我们就问了本地人，水电站都在什么地方啊？据说你们靠水力发电卖给其他的邻国，这是不丹的一个强大的收入，可是沿途为什么看不到水电站呢？

一路问过来，不断听到有人告诉我们，不丹的水电站全部建在地下，这是为了保护植被和不丹的水源。

在不丹首都廷布的周围，看着那奔腾欢畅的、无比清澈的河流，我看的时候，一种既羡慕又对我们国家水土污染的现状深深遗憾的心情油然而生，非常复杂的情感。

我想，在我们祖国的土地上，也许在人迹罕至的深山密林当中，还有这样清澈的河流吧。但我敢说，在我们大城市的周围，再也看不到如此清澈的河流，水很深但透亮见底，里面游动着欢快的鱼儿。

不丹的文件里面明确规定，由于喜马拉雅山系属于年轻山脉，不丹所处的地理环境十分脆弱，人民不得去捕捞河里面的那些高山鱼，这种鱼的生长非常缓慢。不丹像爱护眼睛一样爱护着他们的环境，爱护他们的传统文化。

不丹的幸福调查问卷里面还有一些其他的问题。例如，在最近一年当中，你捐了几次款？我曾看过国内一些机构组织的关于国民幸福指数的调查，但是关于慈善方面的内容，几乎没有看到。

一个国家该怎样引导自己的国民？在我们发展的过程当中，不仅要使自己快乐幸福，还要顾及民族的文化，顾及历史，顾及他人，顾及环境，我想这就是不丹所给予我们的非常重要的启示。

在不丹的时候，我看到家家户户都挂着一种门帘，觉得很漂亮。后来我特意咨询不丹的友人，上面的图案是什么意思呢？他们告诉我，最底下是只大象，在大象的身上是猴子，猴子的身上是兔子，兔子的身上是一个鸟，在鸟的上面还是一个鸟。画面上还有许多鸟，还有很多很多的树，却唯独看不到人。

我问不丹的友人，人在哪里呢？他告诉我说，这个图案代表的是不丹人眼中的一个吉祥、平和的世界。他说这个世界不仅仅是人的，而且是大象的，是猴子的，是兔子的，是鸟的。我想正是由于这样一个思想的指导，不丹才能和它的山川、动物和皑皑的雪峰、清澈的泉水、碧绿的森林和谐共处。

在地球上，尤其是经济发达的国家，人们已经把国民生产总值当成一个最重要的指标。可是如果人们忘记了拥有的文化，如果污染了山川和河流，如果冷淡了彼此之间的亲情，如果已经失去了那种仁爱慈善之心，这样的发展对人类到底是一个福音还是一个灾难呢？我觉得不丹已经给出了他们的答案。

不丹的这种坚守，这种特立独行地去完成人和自然和平共处的理念，越来越受到全世界的经济学家、社会学家和政治家们的关注。在一位英国学者做的相关统计里，不丹的幸福指数在全世界排名第八，整个亚洲排名第一。我想从我这次的亲身经历里，也的确感受到了不丹人民的幸福。

1933 年，英国有一位作家叫希尔顿，他写了一部小说叫《消失的地平线》。在书中，他提出了一个香格里拉的概念。从此以后在世界上，香格里拉就代表着拥有古老的文明，又有自己独特的生活方式，祥和美丽的地方。我们在不丹旅行的时候，常常会听到有人说，这个高山小国是世界上最后的香格里拉。

2009 年的时候，梁朝伟和刘嘉玲在不丹首都廷布举行了他们的婚礼。那一座豪华的酒店叫作乌玛酒店，我当时问不丹的友人“乌玛”是什么意思？

不丹的导游给出的解释是：乌玛在不丹的语言里，是大路的中央。

我很喜欢这个解释，希望不丹对于幸福指数的这个理论，能够为我们人类今后的发展，开辟出一条大路。

16 马萨达永不再陷落

马萨达是以色列死海边高昂的头颅。

马萨达这个名称，最早出现在希腊文手抄本中，在亚拉姆语中是“堡垒”之意。它位于死海西岸边的峭壁上，看不到丝毫绿色，和周围充满盐土气息的绵延小丘，没有大区别。马萨达山脚下的砂石大地上，绘有粗糙的水纹状痕迹，这位不拘一格的大手笔涂鸦者，乃是死海日复一日的咸浪。想当年这世界上最低的咸水湖，面积比现在要大，波涛汹涌。由于气候干旱变暖，死海不断瘦身，留下了这身宽体胖时的飘逸衣褶。马萨达凭山扼海，是绝佳的制高点。站在山下遥望，想起让诸葛亮挥泪斩了马谡的“街亭”，似乎有某种神似。这里的易守难攻不言而喻，当年的人们如何解决水源呢？它的最终沦陷，是否和缺水也有关呢？怀抱疑问，开始上山。

从山脚到山顶，有两条路可选。一是乘坐箱形缆车，然后自己再爬80个台阶，即可抵达山顶的堡垒处。还有一条是呈“之”字形的粗糙土路，名叫“蛇道”，蜿蜒曲折。我胆怯地瞄了一眼，估计以我的体力，至少要两个小时吧。

我年少时在西藏当兵，手足并用攀爬雪山落下了心理伤，凡有工具可借用时，必定偷懒。上了缆车，人们纷纷倒向右侧车厢，那一边可以看到正午时分的死海，如巨大宝镜，迸射灿银一般的强烈反光，晃得人睁不开眼。人又偏竭力想去看，个个眯缝着眼皮仄着身子，坠得缆车似乎都歪了。

马萨达海拔50米。你可能会说，原以为是壁立千寻的高山，原来不过区区50米。请注意啊，此处高度虽然以海拔标注，但周围却是低于海平面440米的死海。也就是说，马萨达高出周围海面计490米，峭壁和峡谷，刀剁斧劈般直上直下，让它显出桀骜的高耸。即使在今日，这突兀而起和与四周几乎完全断离的身姿，也属绝佳的军事要地，更不消说在2000多年前的冷兵器时代，它成为天造地设的堡垒之冠。

上得山来，马萨达的顶部倒很平坦，大约有650米长，300米宽，像一幅巨大的土黄色桌面。放眼四看，它是森严堡垒和华美宫殿的奇异混合体。堡垒见过，宫殿见过，在同一个视野中，坚不可摧的防御工事和绚烂华美的宫廷遗址绞缠一处，比肩而立，你中有我，我中有你，真是第一次目睹。这两组遗址的使用主人是不同的，宫殿属于残暴多疑的希律王，萧索的古战场，则属于沥血而亡的犹太勇士。

2009 年，在佩特拉修道院扬沙

希律王时期的建筑，包括宫殿、浴室、储藏室、居室、防御工事和供水系统，等等，设计精良，施工考究。残存的壁画栩栩如生、马赛克地板精雕细刻、硕大无朋的石头梁、千年不倒的罗马柱……显示着皇家的威严与工匠的鬼斧神工。有个足有几十平方米的宽大浴室，还可以看到地板下预留的半尺高的悬空间隙。导游请我们猜猜这是干什么用的。我们一脸茫然，想不出它的奥秘。我觉得可能是埋藏武器的地方，希律王怕有人趁他洗澡的时候加害，故备下暗器……但不敢贸然作答，怕说错了显得很蠢。导游告诉我们，这是 2000 多年前用来作为蒸汽循环加热的装置，类似今天的“地暖”设备，不得不叹服帝王之家源远流长的奢靡。

待走出温暖的享乐窝，扑面而来的是森冷的断壁残垣，持续向人们释放战火纷飞时储存下的杀戮之气。

一只鸽子在岩壁上用喙啄水，紫褐色的头羽点得捣蒜一般。我原以为这里有泉眼，走近来，才发现是一处如何向马萨达输水的模型，旁边放着一个矿泉水瓶子。想得很周到，游客若看不懂，可以用水瓶接了水，浇在模型的山麓上。水一洒下，等于撬动了机关，水会顺着山势，流向模型中的蓄水池。野鸽子们也深谙此道，时不时地来模型处喝水。马萨达聚水的法子，说起来复杂，其实就是将远方山脉降下的雨水，用一个复杂的集水系统收集起来，再经过暗渠，顺着辗转水道，让水最终流进峭壁西北侧的蓄水池。据说蓄水池总容积为 4 万立方米，可以提供丰沛的水源。

约瑟夫曾写道："希律王在每个地方都建造了蓄水池，这样他就可以成功地为住在这里的人提供水，甚至好像在使用泉水一样。"

谈到马萨达，必须要说到约瑟夫。他是一个犹太历史学家，公元 66 年时，他指挥兵马，成为加利利地区反抗罗马帝国统治的犹太军队司令，不幸兵败被俘。此君后来投降了，归顺罗马军总部，就是他记录了有关马萨达的史实。

据他考证，在以色列哈希曼王朝，马萨达就修建了原始的碉堡。到了公元前 40 年至公元 4 年的希律王时期，这里开始大兴土木。这个希律王，就是圣经中记载的曾想杀害刚出生的圣婴耶稣的那个人。此君的残暴多疑，可见一斑。虽说罗马人一直庇护着希律王，不过来自朝廷内外的敌意和各种潜在的威胁，还是让希律王忧心忡忡寝食难安。他在辖区内四面八方地睃寻，最后在死海边找到了这座孤独的峭壁之山。他设计了别宫加要塞的格局，为自己备下既可以享受也可以避难的场所，至今还可以看到能够凭栏远望死海的奢华宫殿（那时的死海距离山脚比现在要近很多，景色更为壮观），还有鳞次栉比的仓储室、营房、军械库等等。天险和人工相得益彰，共同构筑了1.3 公里长、3.7 米厚的带有很多塔楼的城墙。

希律王死后，罗马人占据了马萨达。公元 66 年，在以色列加利利地区，开始兴起了反抗罗马帝国统治的运动。不堪重压的犹太教徒，组织起来，身佩短刀，在闹市潜伏着，遇到有罗马人经过，就猛地扑上去，白刀子进，红刀子出，专门刺杀罗马人。这种短刀类似匕首，十分利于近战夜战和贴身肉搏，故此他们得了一个绰号——“匕首党”。匕首党英勇骁战，辗转迁徙，从罗马守军手中，一举打下了马萨达。反抗者开始把这座孤零零的山岭，作为反抗罗马大军的根据地，拖家带口聚集到了马萨达。其中艾塞尼派的首领梅纳哈姆，在耶路撒冷被敌人杀害后，他的追随者们也逃到了马萨达。梅纳哈姆的侄子爱力阿沙尔，成了马萨达要塞的指挥官。希律王为自己享乐和防身所度身而做的宫殿，成了犹太教徒顽强抵抗的最后据点。他们在山顶各个地方修筑工事，建造生活设施；把王室住宅分隔成很多小房子，挤住了很多人；还养了鸽子，主要是为了通讯联络；还养了鸡，那是为了改善生活。他们还造了犹太会堂、议事大厅……总之政治、军事、生活设施，一应俱全。

公元 72 年，在提图斯占领耶路撒冷并且毁坏第二圣殿 3

年之后，罗马的军队，决定要拔掉马萨达这个眼中钉，肉中刺。希尔瓦率领大约15000人的罗马大军，包围了马萨达。马萨达是一座面积并不很大的孤山，把它合围成针插不进水泼不进的铁桶，并不是很难的事情。希尔瓦刚开始没想到这会是一场持久战，他认为山上不过是乌合之众，一看到大兵压境，加上断水断粮，挨不了多久就会土崩瓦解举手投降，或许不费一兵一卒兵不血刃呢。当时马萨达要塞有多少犹太人呢？真的不多，大约1000人，其中还有很多妇女儿童。如此的寡不敌众，马萨达已是在劫难逃。铁壁合围之下坚守的时间有多久呢？各种记载不一样，有说几个月的，也有说3年的。就人们的感情来说，更愿意相信3年的说法。顽强和不屈，就像河流，旷日持久源远流长更值得人感佩。总之，在相当长的一段时间内，马萨达严防死守巍然挺立，让罗马人伤透了脑筋。他们心生一计，逼迫成千上万的犹太犯人当苦力，驱赶他们运送泥土，沿着马萨达的西壁，修建一道攀缘的坡道。用个通俗点的比方，罗马军队使用浩大的人工，堆砌起了一架斜插山顶的云梯。

站在马萨达西围墙处，迎猎猎罡风，俯瞰这处长堤，会感受到它志在必得的凶险用心。再放眼，可看到山下平坦地，有8处呈长方形或是菱形的营盘痕迹，那就是罗马大军的驻扎地。以色列的4月，正是仲春，加之死海地势低洼，类似一面凹透镜，将太阳光聚焦于此，炙热已似镶坑。此刻山风如刺刀般尖锐地刺穿耳膜，全身不由得渗出冰冷，试想当年的马萨达将士们，也曾站在此处，目睹天梯一天天迫近山顶，那是怎样的惊觉和无奈？其实，居高临下地打击修堤的犹太苦力们，并不是难事。马萨达山上有的是石头，现在还堆放着大如磨盘的石弹。抬起石块，一撒手，骨碌碌地滚下去，杀伤力肯定不小。但马萨达山顶的犹太人，觉得修堤的都是同胞，不忍下手。于是索命的长堤，就在罗马军吏的吆三喝四下，在守军眼皮子底下，一天天隆起，不断地长高，终于在某个晚上，长到就要抵达马萨达山顶了。铁打的营盘滴水不漏，土夯的巨蛇红信吐焰，马萨达的每一个人都明白，末日近在咫尺，最后的时刻到来了。天亮时分，罗马军队必将攻占马萨达。

这一天是公元73年4月15日，也就是逾越节的前一天晚上，马萨达首领爱力阿沙尔发表了那篇著名的讲话。

“勇敢忠诚的朋友们！我们是最先起来反抗罗马的犹太人，也是坚持到最后一刻的人。感谢上帝给了我们这个机会，当我们从容就义时，我们是自由人！为了让我们的妻子不受蹂躏而死，让我们的孩子不做奴隶，我们要把所有财物连同整个城堡一起烧毁。不过一样东西要除外——那就是我们的粮食。它将告诉敌人，我们选择死亡不是由于缺粮，而是自始至终，我们宁愿为自由而死，不愿做奴隶而生！”

话语在马萨达上空激荡，如同钢铁的风铃被飓风抽打，坚硬的声响摇撼夜幕，群星颤抖。

这是全体殉难的信号。但是犹太教律法规定教徒不可自杀，这就使得如何集体死去，成为一道难题。

约瑟夫在《犹太战争》中，记下了其后的惨烈过程：“他们用抽签的方式从所有的人中选择了 10 个人，由他们杀死其他人。每个人都躺到地上，躺在自己的妻子和孩子身边，用手臂搂住她们，袒露自己的脖颈，等待那些中签执行这一任务的人的一击。当这 10 个人毫无惧色地杀死了所有人之后，他们又以同样的方式为自己抽签。中签的人将先杀死其余的 9 人，再杀死自己……那最后剩下的一个人，检查了所有躺在地下的尸体，当看到他们已经全部气绝身亡之后，他便在宫殿的各处放起火来，然后用尽全身的气力将剑刺进自己的身体，直没至柄，倒在自己的亲属身边死去。”

在马萨达遗址中，展示有最后抽签时所用的死签——是考古发掘出来 11 个陶片，每片上面都写有一个名字，其中一片写的是 Ben Yair，是首领，其余 10 片可能是抽签出来杀死同伴的人的名字。人们指着第二排第四块陶片说，这就是那个最后抽到死签的人。

小小陶片里埋藏着多少深沉的苦痛和不屈！这该是怎样的无畏和担当！

第二天一大早，罗马人以为会遭遇马萨达守军的殊死抵抗，他们披上铠甲，搭好梯桥，对城堡发起了猛烈的袭击，不料迎接他们的只有早起的鸽子咕咕啼声。罗马人走入焦黑的城堡，没有看到一个敌人。正确地讲，是他们没有看到一个活着的敌人。殚精竭虑攻下的，不过是一座死城和 960 具尸骸。

我凝视着那块写着古老文字的名字，思绪溯流而上，游走到了1900多年前。

月黑风高死期已定的马萨达山顶，抽到第一次死签（实际上是暂时活着的签，不过这种活着，需要比引颈受死更大的勇气）的10人以外的所有人，和自己的妻子儿女一起躺在地上，相互拥抱，彼此感受着最后的温暖。那10个人走向大家，锋利白刃一一穿喉而过。很快，地上血流成河。在杀掉了所有人以后，他们又开始了新一轮的抽取死签。那个名字排在第二排第四个的人，领受了这一艰难使命……

思绪集中在最后那个勇士身上。据记载，当时城堡中共有967个人。这就是说，第一次中签的10勇士，平均每个人要杀死将近100个人，才算完成任务。被杀的人中，不但有共同迎敌苦苦守城的同胞，还有很多孱弱的妇女和熟睡的婴童。杀敌固然是一种勇敢，杀死亲人，更是需要异乎寻常的勇敢吧？连续杀死100个人啊，看多少鲜血倒海翻江飙射而出，听多少呻吟嘎嘎作响惨绝人寰！一剑封喉，手腕不能有丝毫的抖动，动作要手起刀落干净利落，任何拖泥带水，都会增添亲人的杀痛……一串串热血烫弯了雪亮利剑，溅满了勇士残破的征衣。

当他们再次把写有自己名字的陶片聚拢在一处后，最惨烈的英雄被遴选出来了。他要继续杀人，鲜血之上，再铺新红。如果说刚才还是一支团队，这一次，他是彻彻底底孤独了，陪伴他的只有呜咽悲风。

他没有退路，只有不眨眼地杀下去，直到静悄悄的山顶，只遗有他一个人浓重的呼吸。他的工作还没有完，还需一个又一个地翻检尸体。如果有人残存一丝生机，他会毫不迟延地补刀，让所有的挣扎都湮灭在黎明前最稠厚的黑暗中。之后，他带上火种四处跑动，将一间间房屋从容不迫地点火焚烧。在火光的映照下，那满山遍野的鲜血，一定美艳如花。

一切都完成之后，天已经蒙蒙亮了吧？杀人放火，这不是简单的事情。人要一个个地杀，火要一把把地放。人要确保必死无疑，火要力求烈焰冲天。

在微茫的晨曦中，一抹猩红从死海东岸娩出，带着咸而湿的冷冽，一如渐渐暗凉下去的忠魂之血。

现在，他要完成最后一件工作了。他把短刀刺进了自己的胸膛，看着自己的鲜血喷薄而出，和天边的朝霞混为一体。按照教义，作为犹太教的教徒，自杀是不该的，他的忠勇成为叛逆。

死海的日出，有一种惊魂动魄的美。死海看起来无比清澈，水的浮力很大，手指在其中摆动，遭遇阻力，好像在黏稠的膏汁中搅动。死海比普通海水浓烈10倍的含盐量，让它成为地球上的奇特存在，你永远无法在死海沉没。在无风无浪非常平静的日子里，死海也会蒸腾似岚似雾的光影，绝不像普通水面在此刻会倒映出清丽影像。

一位摄影朋友说，死海总是莫名其妙地朦胧，在镜头中迷离。这或许因为它无时无刻不在蒸发，水汽抖动……水的盐分太高了，如同烈日下被曝射的沥青路面。

死海的日出由于这种特殊的地貌，宛如从微沸的油锅里蹿起亿万朵燃烧的火炬，惊世骇俗。无数跳跃的光芒在黏腻的海面上飞速滑行，如同金红翅膀的鲲鹏展开血羽，以迅雷不及掩耳之势席卷而来，俯冲着扑到了马萨达山下。无际光焰卷起滔天银浪，镀亮了山崖。

也许有人会说，既然马萨达的勇士们都集体殉难了，后人如何知道这可歌可泣的故事？是不是编撰出来的？

原来，有两个妇女和5个小孩躲在一处蓄水池里，得以在集体殉难中幸免。一名妇女历尽艰辛，找到了犹太史学家约瑟夫，向他叙述了亲眼所见的故事，人们因此得知了罗马军队破城之前发生的一切。从此，犹太人亡却了家园，足迹从迦南大地上蹒跚远去，背影流散到了世界各地。

在犹太民族的历史上，马萨达于是成为英雄主义的象征。这里曾经以少抗多以弱抗强，当失去赢得宗教和政治上独立的希望之时，万众一心地选择了用死亡代替奴役的命运。这是理想主义的千古绝唱，这笔精神遗产，不仅属于犹太民族，而且属于整个人类，反抗压迫的斗争精神将永远不朽。

以色列国防军每年都会在马萨达举行庄严的仪式，以纪念英烈。在以色列，参军服兵役是每一个公民的神圣职责，男子36个月，女子24个月，谁也不能当“逃兵”。入伍后的第一课，就是到马萨达瞻仰，这里是爱国主义教育基地。每一个新兵，必得从山脚下沿着那条我望之生畏的蛇道，以最快速度爬到山顶，然后对着飘扬的国旗宣誓。还据说，摩萨德——也就是全称为“以色列情报和特殊使命局”（它是由以色列军方在1948年成立的，与美国中央情报局、苏联内务委员会“克格勃”一起，并称为世界三大情报组织）的人员，不单要徒步攀爬这座陡峭的堡垒遗址，而且必须是在夜里，在熊熊火把的映照中起誓。

既然是宣誓，就一定有宣誓词，我听到了两种版本，第一种是：“马萨达永不陷落！”第二种是：“马萨达永不再陷落！”

两个版本，相差一个“再”字。我特别请教了一位希伯来语的博士，她说，那句宣誓词最准确的翻译应该是第二种——“马萨达永不再陷落！”

一个“再”字，寓意深刻。它说明马萨达曾经陷落过，但这样的悲剧，以色列人民再也不允许它发生了。他们必将用生命保卫马萨达，当然也包括整个国土。

“陷落”是一个可怕的词。世界上很多地方很多城市很多国家，都曾经陷落过。原因不外乎天灾和人祸。长安的陷落、罗马的陷落、君士坦丁堡的陷落、巴黎的陷落、南京的陷落……陷落之后是血泊和杀戮，是肝脑涂地和尊严尽失，是文化的倒退和文明的坠毁。

来自大自然所致的陷落，多因为山呼海啸。人世间的陷落，就一定源自有人前来攻占，抵抗不及，于是沦亡。如果杜绝了攻占，就不会再发生陷落。

国与国之间所有的攻伐，说到底，是为了争夺资源和空间。

面对无法调和的利益之争时，如果不想进入殊死的博弈，人们通常会说——把“蛋糕做大一点”。意思就是只要利益变大变多，所有参与其中的人都可以多分到一块，可能就会化干戈为玉帛，平息争端，缓和冲突。我以前觉得这是一个好方法，各方各得其所，谁的利益都不受损失。直到 2008 年春夏，我买一张船票环游地球。3 个多月绕地球一圈航行下来，最重要的发现却是——地球这块蛋糕，不可能做得更大了。它就那么大，没有任何法子让地球长个了。

其实，这是一个非常简单的道理，不用走那么远的路，花那么多的旅费，只要坐在房间里用脑筋稍微想想一分钟，就彻底明白了这件事。世界上的事情，有时真是诡异。越简单的东西，越是要付出大代价，才能参透。地球上所有发生过的领土之争，说到底就是资源之争、空间之争、尊严之争。巴勒斯坦地区只有 3 万平方公里，大家都要有生存的权利。为了争取持久和平，为了让每一座城市都不再陷落，是所有爱好和平的人的共同愿望。人类必须找到兼顾所有人最大利益的平衡点，这个星球才能平安。那种为了自己的利益，以剥夺他人的生存权为出发点的“陷落”之战，是再也不能重演了。

我相信马萨达永不再陷落！期待世界上所有爱好和平的人民和地区，都永离陷落！保证这个世界“永不陷落”的支点，原本就掌握在文明人类自己手中。

17 戴胡子的女法老

法老是对古埃及国王的称呼，在埃及语中称作“佩罗”，现在的读音来自希伯来文的音译。它在象形文字中的意思是“高大的房屋”，后来代指“王宫”，理由很简单，王宫是最高大的房屋。新王国第十八王朝时，国王图特莫斯将法老的意思来了一个变化，成了“居住在高大宫殿中的人”，于是“法老”就顺理成章地成了对国王的尊称。

在埃及国立博物馆里可以看到一位法老的雕像，下巴颏上长着茂密的胡须，向前探出，好像一块洗袜子的小搓板，十分可笑。

还没等我笑出来，导游说——这是一位女王，她戴着假胡须。

一提到埃及的女王，我等游客做出恍然大悟的样子，知道知道，原来这是埃及艳后克列奥帕特拉。

导游正色道，克列奥帕特拉只是王后，而这是真正的法老，她叫哈特谢普苏特，拥有无上权力的古埃及女王，女王和王后是有区别的，前者亲握权杖，而后者只是权杖的老婆。

后来，在尼罗河对岸帝王谷众多的祭庙中，看到女王哈特谢普苏特的神庙是那样的美丽独特，据说这也是全埃及最优美典雅的建筑了。在卡纳克神庙里有哈特谢普苏特为自己矗立的方尖碑，高 29.5 米，重达 350 吨。在上埃及的阿斯旺的花岗岩采石场，还有一块重达 1000 吨的未完成方尖碑躺在山坡上，据说也是哈特谢普苏特为自己建造的，因为开凿中石头出了裂缝才半途而废。

反复听到这位女法老的名字，看到和她有关的遗迹和景色，就对她生出了好奇。查了资料，才知道哈特谢普苏特在位期间是公元前 1490 年到前 1468 年，拥有当时世界上最强大的军队，最强盛的经济。她不是傀儡，而是控制着埃及最高权杖的真正的法老。在她执政期间，对内不用严刑峻法维持了安定的秩序，对外不损一兵一卒获得了和平。

但女人是不能成为法老的，尽管哈特谢普苏特才能出众，也无法改变这一钢铁般的传统。她也颇动了些脑筋，先是在登上王位之前，命人为自己编撰传记，并雕刻在大方尖碑上，非说自己是太阳神的嫡亲女儿。为了让神圣感进一步加强，她还在方尖碑的顶部放置了很多金盘，用来反射太阳的光芒，以便向所有的人证明她的确是来路不凡。

一不做二不休，女法老让她的建筑师把她刻画成一个有胡须的平胸战士形象。每当女法老在公共场合出现，必定是着男装并戴着假胡子，其实她有着柔和的面部，外带轮廓清秀的眉毛和大眼睛，是个十足的美女。

王室的恩怨和历史的偏见遮盖着历史的天空，无论女法老的政绩怎样突出，但传统的以男性为中心的社会是不会容忍一位女性担任法老的，就算她杜撰出了自己是太阳神的女儿这样的神话也万万不行。

结局在传说中是这样被描述的：哈特谢普苏特刚刚驾崩，一伙军人就袭击了宫殿，把和她有关的一切都毁掉了。神庙中她的浮雕和塑像或者被砍掉了脑袋，或者被砸断了臂膀。她的墓穴被洗劫一空，神庙墙壁上的她的名字被刻意凿平，在整个埃及的官方记录里，和她有关的记载都被销毁了……

哈特谢普苏特执掌法老的权杖 22 年，古埃及的男人们希望她的这段历史不曾存在过。她的雕像在被焚烧之后再泼上凉水而变得残缺不全，至今还能看到烟火的痕迹。她的名字也被从方尖碑上涂掉，取而代之的是她的父亲、丈夫和继子的名字。

但历史还是记住了这个曾经当过法老的佩戴假胡须的女人。在今天的埃及，在游客们眼中，最美丽的法老神庙是哈特谢普苏特的达尔巴赫里神庙，最高的方尖碑是卡纳克神庙中赞叹哈特谢普苏特的方尖碑。正如哈特谢普苏特自己在碑上所写："未来看到我的纪念碑并讨论我所作所为的人，切勿说一切不曾发生过，或许将它看作是我的自我吹嘘，而应当称颂她当之无愧，她的父亲也深感安慰。”

埃及是非常值得一去的国度。你不去美国，不去日本，你还可以想象，而且你的想象基本上是符合实际的。但你若不去埃及，你想象不出那里的神秘。

18 地铁客的风格

挤车可见风格。陌生人与陌生人亲密接触，好像丰收的一颗葡萄与另一颗葡萄，彼此挤得有些变形，也似从一个民族刺出的一滴血，可验出一个民族的习惯。

那一年刚到日本，出行某地，正是清晨，地铁站里无声地拥挤着。大和民族有一种喑哑的习惯，嘴巴钳得紧紧，绝不轻易流露哀喜。地铁开过来了，从窗户看过去，厢内全是黄皮肤，如等待化成纸浆的芦苇垛，僵立着，纹丝不动。我们因集体行动，怕大家无法同入一节车厢，走散了添麻烦，显出难色。巴望着下列车会松些，等了一辆又一辆，翻译急了，告知日本地铁就是这种挤法，再等下去，必全体迟到。大伙说就算我们想上，也上不去啊。翻译说，一定上得去的，只要你想上，有专门的“推手”，会负责把人群压入车门。于是在他的率领下，破釜沉舟地挤车。嘿，真叫翻译说着了，当我们像一个肿瘤，凸鼓在车厢门口之时，突觉后背有强大的助力涌来，猛地把我们抵入门内。真想回过头去看看这些职业推手如何操作，并致敬意，可惜人头相撞，颈子根本打不了弯。

肉躯是很有弹性的物件，看似针插不进水泼不进的车厢，呼啦啦一下又顶进若干人。地铁中灯光明亮，在如此近的距离内，观察周围的脸庞，让我有一种惊骇之感。日本人如同干旱了整个夏秋的土地，板结着，默不作声。躯体被夹得扁扁，神色依然平静，对极端的拥挤毫无抱怨神色，坚忍着。我终于对他们享誉世界的团队精神，有了更贴近的了解。那是在强大的外力之下，凝固成铁板一块。个体消失了，只剩下凌驾其上的森冷意志。

真正的苦难才开始。一路直着脖子仰着脸，以便把喘出的热气流尽量吹向天花板，别喷入旁人鼻孔。下车时没有了职业推手的协助，抽身无望。车厢内层层叠叠如同页岩，嵌顿着，只能从人们的肩头掠过。众人分散在几站才全下了车，拢在一起。从此我一想到东京的地铁，汗就立即从全身透出。

美国芝加哥的地铁，有一种重浊冰凉的味道，到处延展着赤裸裸的钢铁，没有丝毫柔情和装饰，仿佛生怕人忘了这是早期工业时代的产物。

又是上班时间。一辆地铁开过来了，看窗口，先是很乐观，厢内相当空旷，甚至可以说疏可走马，必能松松快快地上车了。可是，且慢，厢门口怎么那样挤？仿佛秘结了一个星期的大肠。想来这些人是要在此站下车的，怕出入不方便，所以早早聚在出口吧。待车停稳，才发现那些人根本没有下车的打算，个个如金发秦叔宝，扼守门口，绝不闪让。车下的人也都心领神会地退避着，乖乖缩在一旁，并不硬闯。我拉着美国翻译就想蹿入，她说再等一辆吧。眼看着能上去的车，就这样懒散地开走了，真让人于心不忍。我说，上吧。翻译说，你硬挤，就干涉了他人的空间。正说着，一位硕大身膀的黑人妇女，冲决门口的阻挠挺了上去，侧身一扛就撞到中部敞亮地域，朝窗外等车者肆意微笑，甚是欢快。我说，你看你看，人家这般就上去了。翻译说，你看你看，多少人在侧目而视。我这才注意到，周围的人们，无论车上的和车下的，都是满脸的不屑，好似在说，请看这个女人，多么没有教养啊！

我不解，明明挤一挤就可以上去的，为何如此？翻译说，美国的习俗就是这样，对于势力范围格外看重，我的就是我的，神圣不可侵犯。来得早，站在门口，这就是我的辖地，我愿意让出来，是我的自由，我不愿让，你就没有权利穿越……

北京地铁的拥挤程度，似介于日本和美国之间。我们没有职业的“推手”（但愿以后也不会有，如果太挤了，政府就应修建更多的交通设施，想更人道的主意，而不是把人压榨成渣滓），是不幸也是幸事。

会不会挤车，是北京人地道与否的重要标志之一。单单挤得上去，不是本事。上去了，要能给后面的人也闪出空隙，与人为善才是正宗。只有民工才大包小包地挤在门口处。他们是胆怯和谦和的，守门不是什么领地占有欲，而是初来乍到，心中无底，怕自己下不去车。他们毫无怨言地任凭人流的撞击，顽强地为自己保有一点安全感。在城里待久了，他们就老练起来，一上车就机灵地往里走，用半生不熟的普通话说着：劳驾借光……车厢内膛相对松快，真是利人利己。北京的地铁客在拥挤中，被人挤了撞了，都当作寻常事，自认倒霉，并不剑拔弩张。比如脚被人踩了，上等的反应是幽默一把，说一句“对不起，我硌着您的脚了”。中等的也许说：“倒是当心点啊，我这脚是肉长的，您以为是不锈钢的吧？”即便是下等的反响，也不过是嘟囔一句：“坐没坐过车啊，悠着点，我这踝子骨没准折了，你就得陪我上医院 CT 去！”之后一瘸一拐地独自下车了。

人与人的界限这个东西，不可太清，水至清则无鱼，到了冷漠的边缘。当然也不可太近，没有了界限也就没有了个性没有了独立。适当的“度”，是一种文化的约定俗成。

还是喜欢中庸平和之道，将来有了环球地铁，该推行的可能正是北京这种东方式的弹性距离感。

19 吃天下

坐很多次飞机，吃各式各样的餐食。走地球一圈，也吃了一圈。在这个意义上说，虽然没有吃到多少好东西，也算是吃天下了。

若说天上的饭，最好吃的是阿联酋航空公司的飞机餐，现把食谱录下。

我通常不录食谱，觉得那有点别有用心。要么是穷人乍富，吃了一餐山珍海味，列出来显摆。要么是到了异国他乡，看到奇怪饮食，写出来，多少也含有“你看我到了多么遥远的地方，吃到了多么奇形怪状的东西啊”的炫耀之意。

但我今天把一次飞机餐的菜单录在这里，并无上述曲折的深意。首先这是普通舱的饮食，是最大众化的饭盒。你缩成一团挤在人堆里，闷着头飞上十几个小时，这不是个舒服事儿。飞机上没有卧铺，但有头等舱。头等舱就是飞机上的卧铺。飞机上没有硬板座位，普通舱就是硬座。既然没有更多银两坐头等舱或是商务舱，你就只能蜷在相当于硬座或是轮船统舱的廉价席中苦熬时光。在我的身边，是几十个到欧洲出劳务的壮工，他们操着浓郁的乡音，彼此不断地打着招呼，生怕谁走丢了。其实，我们在10000米高空之上，除了恐怖袭击，想走也走不了。

录下这个食谱，只是希望咱国内的飞机厨师们，也能学习一下。不要把飞机上的餐食，闹得那么惨淡寡味。俗话说“他山之石，可以攻玉”，我现在就用人家的餐盘，击打一下咱们的空中饭碗。

餐单外观呈淡紫色，画着一串串慵懒的小果实，我不能确切地说出它们的名字，类乎葡萄，但绝对不是葡萄。一搭眼看去，册了好似一则售房广告，共有三折。每一折印刷一种文字，分别是阿拉伯文、中文和英文。其排列顺序是最左侧为英文，居中是中文，最右侧是阿拉伯文。上面写着：

> 阿联酋航空诚邀您品尝机上屡获殊荣的美食及精选的上乘饮料，包括各式酒类、酒精饮料、啤酒、利口酒，以及软饮料。
>
> 各式饮料免费供应，香槟每杯8美元。本次航班提供之食物，均符合清真之标准。如果您喜好的膳食不在供应之列，我们深表歉意。
>
> 开胃菜：鸡尾酒虾

◎经典式鸡尾酒虾，配以香浓德国土豆沙律

主菜：蒸三文鱼

◎浇有意大利香辣番茄酱，并配以莳萝味土豆泥，时令嫩胡萝卜和花椰菜奶油娘惹鸡

◎清单椰子鸡和姜黄风味的咖喱鸡，配以蒸巴斯马蒂米饭和印尼蔬菜

甜点：姜味浓咖啡蛋糕

◎香辣姜味蛋糕，配以浓咖啡糖霜和奶油香草沙司芝士与饼干

饮料：茶或咖啡、朱古力

任您选用

什锦咖喱鲜蔬卷

◎炒蔬菜中加上各种清淡调味料甜洋葱鸡肉卷

新鲜时令水果朱古力块拼盘

我作为普通人，在拥挤的普通舱内看到这份菜单，立刻眼睛发亮，口腔充满了唾液。漫漫旅程，让人心焦，食物是贴敷烦躁的创可贴，起码可以暂时缓解不安，更不要说，这份菜肴呈现上来的那一刻，是在10000米以上的高空，刚刚经历了令人恐慌的颠簸。

也许有人会怀疑，这个单子上罗列的是不错，但实际情况有没有这样美味呢？我们见过挂羊头卖狗肉的事情还少吗？

我当然充分理解这份怀疑。这种怀疑，是在长久的某种不

正常情况下，所形成的条件反射。我们经常被人轻视和欺骗，不但历史上被外国人欺负，还被自己人欺负。举个小例子，这几年，几乎每一个在外奔波的小民，我敢肯定——都吃过地沟油烧的菜或是烙过的饼。几乎每一个喝过牛奶的普通人，都摄入过三聚氰胺。每一个购买青菜和水果的人，都同时吃进了超标的农药激素和化肥……这种生理上的异常，让我们在某种程度上也发生了认知上的异常。人们对一切善意的美好的事情，本能地生出怀疑。

我无法检测阿联酋航班上的这些食品内在的质量，但我要实事求是地说，它们的确都按照食谱上给出的顺序，盛装打扮着接二连三地端上了我的餐桌，好像一场歌剧的演员按部就班地出场。小小的餐桌就是舞台，于是人满为患。正确地说，是食满为患了。

别的菜肴大致熟识，我所知有限，不晓得“娘惹”是何方神圣。奶油娘惹鸡，从口味上也没有吃出多少特别，类似中西合璧的几块鸡肉。回来后查了资料，方知这“娘惹”二字，颇有一点来历。指的是南洋的中国人和马来西亚土著人通婚，所产下的女性后代。据说这种混血的女性后裔，个个都是烹饪能手，她们平时做的菜就叫“娘惹菜”，自成一派。顾名思义，这奶油娘惹鸡，就是既有中华古风又有南洋风味还多少掺杂着西式烹调的一种复合味道的鸡块。算不上太出彩的口味，也可能是我舌头有问题，对马来口味不大适应，怪不得娘惹。

吃过的最难吃的飞机餐，是芬兰航空的饭，简直类似反刍或是呕吐出来的东西，既没有形状也没有色彩，倒是有一种骇人听闻的气味。我就不具体重复那饭菜的品相了，现在想起来都不舒服。不过，因是一趟国际航班，也许上航空饭盒的地方，并不是芬兰本土，饭菜的质量其实和芬兰无关，如果李代桃僵，错怪了人家，请原谅。

我从自己的个人喜好来判断，觉得欧洲人的饮食，只在做大餐的时候讲究色香味，平常的饮食，相当疏懒。大众的家常便饭，只在乎吃饱和卡路里足够。所以，肉总是白水煮的一大块，撒上一些掺了黑胡椒的盐，主食就是面包，虽说有长的圆的硬壳的和暄软之区别，骨子里大同小异。至于配菜，简直就是给兔子预备的，美其名曰原生态，保持最大的生鲜与养分，私下里我仍固执地认为这是懒婆娘的借口。

看一个国家的饮食，除了看那属于皇族和宫廷的大菜，我更喜欢从平民的饮食中，管窥这里的物产是否丰饶？这里的民众是否善待自己的肠胃？这里的风土人情是否好客和勤勉？这里的历史是否悠久和从容？我不喜欢类似相扑火锅一类的饮食，觉得那是凑合事，为了糊弄肚子，就把能找得到的有营养的东西，一股脑儿地倾泻在一处，然后烈火猛烧，不管什么食材玉石俱焚地一遭烂在锅里，显不出各自的好来。

在旅途上，常常会吃到很多不合口味的饭菜，我的主要观点是忍。口味这个东西，主要是糊弄舌头和口腔的。而舌头和口腔，基本上是属于可以控制的肌肉和器官。比如，就算你不爱吃某种东西，但你命令咀嚼肌们工作，它就不能罢工。你让

咽喉下咽，一般情况下，它只有乖乖地执行命令，并不能反呕出来。世界各地的饮食，虽然口味各异，但在营养成分上，应该是都够用的。试想如果某个民族的饮食完全不能应对日常需要，整个民族都营养不良，那他们何以能支持种族的成长并延续呢？所以，入境随俗，不要太挑三拣四，再难以入口，都不会比化疗病人更难以下咽食物。

飞机餐，是人们远行时的加油站。用不着太花里胡哨，那是浪费加上笨。也不要太不讲究，好像人们一到了旅途上，就要让自己的脾胃连降三等。

告诉你一个适应异域饮食的好方法，就是停止回忆。不要总是回想自己家乡的美味，以为是精神会餐，这法子，不啻强喂了自己的情绪一剂瓜蒂散。什么叫“瓜蒂散”呢？就是一种中药的催吐剂。舌头这套系统，也是欺软怕硬。你断了它的念想，明确地告诉它一定要把这些富有营养的食物吃下去，好给机体提供足够的动力，以便远行。它一看木已成舟，也就死了心，努力工作，不那么挑肥拣瘦了。

20 倒时差

“和平号”上，频繁地倒时差。

在国内待着，虽说知道时差，总觉得跟自己没多少关系。出国，就必然会遇到时差问题。一般是临出发前，先问好了目的地和中国是几小时时差，把表拨成当地时间，到达后入境随俗，作息时间听人家安排。太阳照常升起，每天忙忙碌碌，不知不觉中也就适应了。2008 年，我和儿子乘坐日本“和平号”游轮，越洋环球游，算是把所有的时区都趟一遍。

以本初子午线为标准，每隔经度 15 度划一个时区，这样，东、西半球各划出 12 个时区，全球就有了 24 个时区，相邻两个时区的标准时，相差一小时。1884 年国际经度会议上，还规定了“国际日期变更线”——位于太平洋中 180 度经线，作为地球上“今天”和“昨天”的分界线。它并不是一条笔直的线，有几个弯折，为的是避开了一些岛屿和地区，别让那里的人们无所适从。

你由西向东周游世界，每跨越一个时区，就要把你的表向前拨一小时。由西向东跨越国际日期变更线时，必须在你的计时系统中减去一天。反之，则加上一小时或一天。

上面这些话，经常在科普读物中读到，理论上懂得，实际上难以接受，怎么能突然多出一天或减少一天？怎么能对重如黄金一般的时间这么不严肃？无所不在的时间，为什么碰到这条实际上并不存在的虚无之线，就变得如此弱不禁风不堪一击了呢？

和平号从日本横滨出发，大方向始终是向西向西，这就相当于是在不断地追赶着下沉的太阳——这句话严格讲起来是有语病的，应该说是和平号的航速加快了地球围绕太阳自转的速度（还是不大准确，凑合着看）。这点速度当然微不足道，但架不住日积月累再接再厉攒在一起，积少成多。这样，当和平号绕地球一周，从阿拉斯加出发，重新接近日本横滨的时候，就在太平洋上追过了这条国际日期变更线。那一天，所有的人都要把日子加上一天。

刚开始无法接受这样一个事实，没道理啊，片刻之间，你在这条虚拟的变更线这边还是今天，但转眼间到了那边，景色还是一样，气候还是一样，连海鸥震动双翅的姿势都纹丝不变，时间却忽地从今天变到了明天。海还是那片海，云还是那朵云，只有日子无声无息地蒸发了，被人无缘无故地偷走了24小时。生命被掠夺和缩短，郁闷。可你又找不到仇人，只能抚胸长叹。你埋怨谁呢？准是时间的窃贼？是谁赋予这条线如此蛮横的权

2008年，搭乘“和平号”游轮开始了环球旅行

力，让我们的人生如同没有洗过的土布投入了沸水，晒干后变短了呢？

当然，几家欢乐几家愁。在那本著名的科幻小说《80天环游地球》中，主人公就因为从东向西穿越这条线，反倒多出来了一天，最后不但赢得了赌注，还赢得了美人。

站在海中央，第一次感到时间也不过是人们手中的皮筋，可以变长也可以缩短。其实，生命多一天和少一天，并不是特别重要的。你的一生，不取决于一天，而取决于很多天。我们眼也不眨地浪费过很多天，何必对于这样一天锱铢必较。

况且，严格说起来，这一天，也不曾真正消失过。人的身体并没有在这样一条变更线之前真正变老，生命并没有真正缩短，你不必因为日历上的变动而哀伤。

说完了时差这种暴风骤雨般的变更，再来说说和风细雨的渐变吧。

和平号的餐桌上，除了有刀叉盘碗之外，还有一个小小的提示牌。上面什么字也没有，只是画着一块表盘。如果时差是向前倒一小时，那么，就会在午夜 12 点的标识上方，画出一个逆向的小箭头，指示你把 12 点调成 11 点。反之也是一样的，在 12 点处标志出顺时针的小箭头，要你把时间向前拨动一小时。太平洋上，我们不断地倒时差，大约有十几次之多。如果你吃饭的候，没有注意到这块小小的指示牌，而第二天有正好倒了时差，那你就会遇到小小的麻烦。

清晨，所有瑜伽训练班的学员们都在甲板上跃跃欲试，可老师却迟迟不来。为什么呢？原来这一天时差向前提了一小时，瑜伽教练却忘了，还活在昨天的时间里。

我吃饭积极，一到饭点准时出现在餐厅。我顽固地热爱坐在干净的桌子前进餐，而不愿在别人遗漏的面包屑和菜汤痕迹前吞咽。和平号上的餐厅不够大，每个桌子都要接待几拨食客。要照顾自己的洁癖，只有抢在第一波吃饭。有好几次，大清早我兴冲冲地来到餐厅，迎接我的都是一把铁锁。概因我昨日晚餐时疏忽了小指示牌的提醒，不知早餐时间已经顺延了一小时，吃了闭门羹。

频繁地倒时差，对正常人来说，不过是造成小小的不便，但对需要每天定时打胰岛素的老 G 来说，就有点危险。胰岛素严格按照进食时间注射，翻来覆去的折腾，让老 G 不胜其烦，不是饿得头发昏眼发蓝，就是血糖异常飙高……老 G 能平安走下这一圈，不易啊。

和老G一道感到混乱的，还有我们的生物钟。

人为什么会到了晚上就困倦，需要入睡呢?

这都是褪黑素的功劳。人的生物钟中枢会定时释放出一种叫作褪黑素的物质，褪黑素会提示人体应该休息了，降低大脑神经的兴奋度，减缓新陈代谢，促使人进入睡眠状态。褪黑素也会受到外界刺激的影响。当光线强烈时，褪黑素分泌得少，光线转暗时，褪黑素分泌就比较旺盛，所以人在阴暗的环境下容易产生睡意。

人们倒时差时发生困难，很多时候就是这个褪黑素的分泌出了岔子。可是，人能控制自己的骨骼肌，却无法操纵褪黑素。频频的倒时差，让人们产生了生理不适和心理上的不安感。萎靡情绪像一种慢性疾病，在船上蔓延着。长途航海很容易酿造出奇怪的病症，让人心神不定。于是船上的小报，发起了“让我们一起倒时差”的运动。

活动安排是在半夜12点差5分钟的时候，开始集结。人们不约而同地走上甲板，面对着浩瀚的海洋，默不作声地僵立着、等待着。风很大，海浪在半夜时分，有一种撼人的魅惑之感，我不敢太靠舷边的栏杆，会有一种吸力从目所能及的海水中升腾而出，它们用一种微醺的麻醉，好像在呼唤着你……跳下来吧，这里无比的安谧和幽远……

不敢看海洋，只好掉转方向抬头看清空。空中有时有星光月光，更多的时候，是无可比拟的黑暗。

没有人看表，但人们知道慢慢逼近了那个时刻。从脚下轮机的轻微震颤，你确知你是在一架钢铁的庞然大物之上，可你仍旧觉得一无所傍，宛若太空浮萍。你被一种透彻肺腑的苍凉所裹胁，虽然在群体中，每个人都托着自己的手表，目光炯炯，你依然感到近在咫尺的孤独。

到了！有人发出指令。大家都在这一瞬间，把手表上的指针拨快或是拨慢一小时。在这种时刻，我更喜欢那种拨快的感觉。拨慢时，会生出轻微的厌倦。拨快一小时，就完全不同了，好像施展了某种魔法，让狂放不羁的时间听从了自己的指令。

活动很简单，仪式完成之后，大家就各自散去。我绕着甲板走了两圈，看到刚才聚满了人群的地方，已是一片空袅，仿佛梦境逝去。下意识地看看手中的表，的确是走快了一个小时，才相信自己刚才硬是指挥了时间。有人说，聚在一起调时差，可以消除恐惧。参加了自发的仪式，我才发觉，单独面对时间的流逝，其实不是恐惧，只是虚妄。你对那一个时刻，丧失了察觉。

在大海上，时间观念其实是很模糊的。在没有人类之前，天地万物并没有时间的概念。对一个人来讲，当你消失了，你的时间也就不存在了。

谁懂得一切不会永存，谁就能坦然承受命运，活在幸福平衡之中。总有一些事件，你不喜欢，它却必然发生。总有一些技巧，我们不想掌握，却务须了解。总有一些人，我们万分眷恋，他们却必定离开。另有一些人，我们不愿相逢，他却一定蹲在命运的拐角处耐心等你……风不会永远轻微撩人，星不会永远迸射光芒，然而我们却要兢兢业业地活下去，然后，从容不迫地接纳死亡。我们死亡，世界才得以更新，单一个体的悲剧，成为自然平衡之喜剧。

即使一个人生物学意义上过世了，落地成埃，但有关的心灵物象却遗留下来，变成一种无形的场和能量，也是幸福。

人在海上，航行的久了，时间观念就淡漠了，节奏的缓慢，让人觉得人生大可不必如岸上那般慌张和间不容发。你何时何地都会看到大海，它是多么懒散和无所事事啊，偶尔间干的活就是发动风暴。它承载蕴含着无以计数的生灵，从上百吨重的巨鲸，到蝼蚁般的磷虾，在漫不经心的雪浪奔涌中，悄然完成。

大海颇有耐心，就这样不动声色地荡漾了亿万斯年，从雷电劈入海浪的一朵火焰中，扭出了最初的生命麻花 DNA，然后不慌不忙地拼装组合，孕育了复杂的生命雏形。潮汐涨落，斗转星移，直到有一条不安分的鱼爬上了陆地，步履维艰地变成了今天的人……

时光宛如海洋，浩瀚无际。你的今生今世就是海豚跃起的光滑背脊，灵光一现酣畅淋漓。之后和之前，我们都将沉没在蔚蓝的海底，潜行着，时间的海水抚摸着我们，生生不息。浪花之上再生浪花，湮灭之后再现湮灭。天因此而钻蓝，人因此而珍贵。

第V辑

最美的风景在阿里

当我们没有出发的时候，
期望着与最美好的世界相遇，
不辞万里。等我们从远方回到家里，
才发现这个世界最美好的地方，
就在我们咫尺相遥的指尖。

21 在印度河上游

第一眼看到狮泉河，瞬间即被震撼。

它的河床不很宽，闲散地躺在布满红柳的沙砾滩上，好似大战后失去血色有几分苍白的蟒蛇。它的河水也不很急，泛着细碎的鳞花，仿佛那受伤的蟒，正在呻吟着休养生息，以图再战。

使我惊讶的是它的纯净，水的一种至高无上的状态。当你看到一小管蒸馏水的时候，会惊讶它的透彻和洁净；当你看到一瓶蒸馏水的时候，会叹息它的清爽和工艺；当你注视着一条滚滚而来的大河，在傍晚和黎明探视它，排除阳光闪烁的金斑干扰的时候，你如同与一条通体透明的恐龙对视，洞穿它每一个漩涡的脏腑，分辨出每一块卵石的纹路，那一刻，你会感到水的至清无瑕是一种巨大的压迫与净化。

狮泉河水是由高峰上万古不化的寒冰融化而成，那时候，还没有矿泉水、太空水这样雅而商业化的称呼，我们直呼它为冰川水。

在寒冷而不结冰的日子，狮泉河是温顺而峻峭的，如同一把银光闪闪的藏刀，锋利地切割着高原峡谷，蜿蜒向远。我查了地图，知道它流经国界之后，就成了大名鼎鼎的印度河，最终汇入印度洋。

我不知道它为什么叫狮泉河，问过很多人，都说，顾名思义呗，可能是狮子像泉水一样地跑过来，或者是河水像狮子一样地跑过去吧？

不论谁像谁，那狮子一定有着雪白的长长的鬃毛，跑动起来，好似雪雾掠过山巅，它愤怒的时候，吼声会引发连绵的雪崩。

在高原上阳光最充沛的日子，我们接到赴狮泉河畔抗洪的通知。我看看天，天是那种雪域特有的毛蓝色，如同"五四"后革命女生新做的旗袍，干爽平整，没有一丝乌云。太阳把亿万颗金针，肆无忌惮地从高空镖射而下，我感到光芒从军装罩衣的缝隙刺进棉袄深处，使僵硬的老棉花里蕴藏的冷气，渐渐发酵酥胀。

"这样的天，怎么会发洪水呢？瞎指挥吧？"新兵的我，不知天高地厚地说。

老兵拎着铁锨，一路小跑说："你那是平原的皇历。在高原，越是有太阳，越是发洪水。水是阳光的孩子！快走吧！"

我这才恍然大悟。在阿里，有一条特殊规律——如果连续出现几个晴空万里的日子，你就要到狮泉河防洪。

当兵的人，洗被子是个大工程，除了费力，主要是缺乏工具。每个人只有一个小脸盆，洗一件军衣就爆满，泡沫横飞，若把被子塞进去，活似大象进了茶壶，涌得皂水四溢，泛滥成灾。我提议，单是洗，就在脸盆里凑合了，透水的时候，到狮泉河去，让河水这个天大的盆，把我们的军被冲刷一净。

我们的营地距狮泉河不过百余米，不一会儿就到了。当我们兴高采烈地把军被放到狮泉河里时，立即发现失算了。狮泉河绝不是一个温顺的女仆，它躁动着，在表面上虚怀若谷的水波下，掩藏着湍烈的暗流。军被一入水中，瞬间就被水流展开，好像一堵绿色堤坝，斜着立在水里，堵住了狂放不羁的冰川之水舒展的手臂。

我们用手攥着军被，手指上感到有巨大的冲击力，好像拽着一只大风筝，随时都会凌空而起。河水愤怒地冲撞着巨帘，军被膨胀成可怕的弧形，好像风暴中就要绷裂的船帆。河水幸灾乐祸地激起漩涡，戏耍地兜着我们的军被绕圈子，好像那是它抽打的一只只翠绿陀螺。我们感到了越来越大的吸引力，狮泉河在粗暴地邀请军被和它的主人，一道共赴水中央。

“姑娘们，快松手！否则会被卷进狮泉河的！”远处有人看到了我们的危险，大声叫道。

我们置之不理。真是开玩笑！一松手，被子就被龙王爷借走了，今晚盖什么？此刻已完全不幻想狮泉河免费帮我们漂洗被子了，最要紧的是在激流中把军事财产抢救回来。于是，拼命捏住仅剩在手中的被子角儿，好似那是网绳。被子像大鱼，不安分地甩动着。手被泡得发白，指甲因为用力和寒冷，已变得青紫，渐渐地失去知觉。骨节因为负重和要命的扭转，已肿胀如镯。

眼看单凭手的力量，无法和内力深厚的河水抗衡。随着时间的推移，手指渐酥，气力越来越小，眼看就攥不住了，被角一丝丝地从指缝拔出，马上就会飘逸而去。不知是谁喊了一句："看我的！"眼瞧着她的被子就像施了魔法，"嗖"地就脱离了险境，朝岸上卷去。我赶忙一眼瞟去，学习先进经验。原来那女孩儿跳进了岸边的浅水里，把军被缠在了腰上，下半身水淋淋的，但终于控制住了局势，狮泉河再猖獗，一时也卷不动百八十斤重的人，被子就虎口脱险了。

我们都忙不迭地照此办理，不一会儿，一一化险为夷。站在岸边，抱着被子，一任狮泉河水从被角和裤脚流淌不息。

赶来援救的老兵们说："我们这些汉子都不敢让狮泉河帮着洗衣服，知道它暴烈无比。你们这些女娃啊，怎么比男人还懒！"

我们把被子放进脸盆，嘻嘻哈哈地往回走。刚开始所有的脚印都是湿的，且淋漓模糊巨大无比。走过红柳滩，沙包舔走了一些水分，脚印就只剩下半截，好像一种奇怪的小兽在奔逃。大家都说，今天的被子洗得真干净！仔细端详，军被的绿色，已被激流抽打出一缕缕白痕。

狮泉河结冰，如梦如幻。

那是一日清晨，我们按照惯例，到狮泉河边出操。走着走着，就觉得异样。狮泉河寂静无声，好像已经不复存在。平日的狮泉河大智若愚，也不好喧哗，但仍有一种男低音似的轻啸，在山谷中贴着巨石回荡。我们熟悉它，就像倾听高原的呼吸，此刻，怎么一夜之间就无端地沉寂了呢？！

走到河边，大惊失色。狮泉河在骤然而至的严寒中，瞬间凝固。高高的水浪腾在空中，卷起优美的弧度，僵硬如铁。周围簇拥着迸溅的水珠，若即若离，与主浪以极细的冰丝相连，好像逃婚的孤女最后回眸家园。狮泉河被酷寒在午夜杀死，然而，它英勇地保持了奔腾的身姿，一如坚守到最后一分钟的勇士。它坚守了一条大河无往而不胜的气概，只是已粉身碎骨了无声息。

我们被骇住了！无论从黄河长江还是更冷的东北来的兵，都说从未见过这种奔腾中凝固的奇观。我怯怯地走过去，轻轻地抚摩着波浪。它冷硬尖锐千姿百态的曲线，流畅无比，滑润若骨。浪尖绝非平日所见那般柔软，简直可以说是很锋利的，如短剑一般直指前方，切割着严寒，触之锵然有声。不一会儿，手指就像五根空中钢管，把脏腑的热气偷漏给了冰浪。那朵吸走了我体温的浪花，姿容不改，只是花心沁了一点点雾气，显出晶莹的朦胧。

是的，平原上的人，难得有机会抚摩到如此坚实的浪花，它钢筋铁骨，铮铮作响。平日我们在海边探着手指，沾了一手水，自以为抚摩浪花的时候，浪花其实早已冷漠地却步抽身了。

我们摸到它蜕下的壳，至多只能算是它的背影甚至残骸了。

狮泉河的支流，是一条条自雪山而下的小溪。在温暖的季节，它们匍匐在石缝里，并没有一定的河道，肆意流窜着，好像撒欢的野鼠。下乡巡回医疗的救护车，常常会陷在这样的水流里，前进不得，后退不得，引擎徒劳地轰鸣着，在山谷中发出空旷的回声。

“姑娘们，你们到远处的岸上歇着吧。”同行的老医生边挽着袖子边向我们挥手说。看来得下水推车了。

“我们不走，为什么要赶我们走呢？多一个人不是多一份力量吗？”我们不走，也跟着挽袖子。

“狮泉河是不喜欢女人的，所以，你们必须得走。”老医生不容置疑地命令。

没办法啊，当兵就是这个样子，每个老兵都好像是你的再生父母，你必须服从。

我们几个女孩子，愤愤地向远处走去，脚都酸了，认为走得够远了（高原是很容易疲乏的），刚要停下来，一直用眼光监视着我们的老医生，大声地喊道：“不行，太近了，还得走，走得越远越好！”

我们只好沿着小溪向上游走去，走几步，停一停，直到老医生不再用声音的鞭子驱赶我们。这时回过头去，只见人已小得像苍穹下的一颗绿豆。

你们怎么推车呢？我们呆呆地看着流动的河水，天渐渐地黑下来，河水变得更加冷蓝了。

喔，原来男人们都把衣服脱下，下河推车了……我们几个女孩子，谁也不再说话，只是把手伸进黄昏的河水，感受到手指的麻木，一寸寸地从指甲向胳膊根儿处蔓延，用这种愚蠢的行为，和战友同甘共苦。也许，我们的体温会使冰冷的狮泉河水提高一点温度，当它流到下方的时候，会使推车的人，少受些寒冷？

我在西藏阿里军分区工作了11年，狮泉河流经我的整个青年时代，它清澈澄净，洗涤着我的灵魂。

在这个物欲喧嚣的世界上，我怀念那种纯净的水。纯净而有力量，是很高的境界。复杂常常使人望而生畏，很多种因素混合在一起，叫人摸不着底细，以浑浊佯作高深。我不知道狮泉河是不是世界上海拔最高的河，但我想它的透明和清澈，该是在地球上名列前茅的。当我默默地站在它的一侧，凝视着它的时候，我会感到一种伟大的包容和冲决一切的勇气。

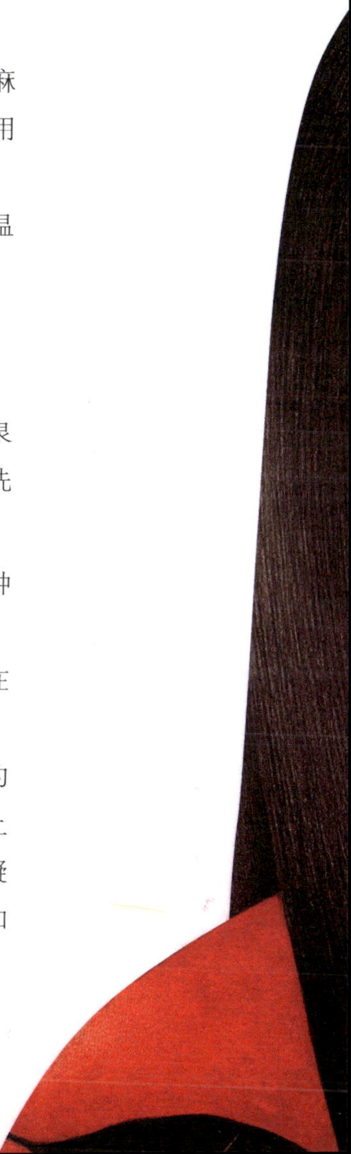

人的精神是从哪里来的？我以为很大一部分，甚至关键性的启示，是从大自然而来。人在年轻的时候，能够和自然如此贴近，远离城市，孤独地走进大自然的怀抱，你会在一个大的恐怖之后，感到大的欣慰。你会感到一种力量，从你脚下的大地和你头上的天空，从你身边的每一棵草和每一滴水，涌进你的头发、睫毛、关节和口唇……你就强壮和智慧起来。

读书也会使我们接触到这些道理，但是，我们记不住它。大自然是温和而权威的老师，它羚羊挂角不露声色地把伟大的关于生命和宇宙的真理，灌输给我们。

你在城市里，有形形色色的传媒，有四通八达的因特网，有权威的红头文件和名不见经传的小道消息，摩肩接踵。你几乎以为你无所不能，你了解了整个世界。但是，且慢！在人群中，你可能了解地球，但你永远无法真正逼近——什么是宇宙，这样终极的拷问。

你必得一个人和日月星辰对话，和江河湖海晤谈，和每一棵树握手，和每一株草耳鬓厮磨，你才会顿悟宇宙之大，生命之微，时间之贵，死亡之近。我以为在很年轻的时候，有机缘迫近这番道理，是一大幸运，你可以比较地眼界开远，比较地心胸阔大，比较地不拘一格，比较地宠辱不惊。

人是自然之子，无论上山下乡在历史上做如何评价，它把无数城市青年驱赶放逐到自然与社会的最原始状态，使这些人在饱尝痛苦的同时，深刻地感受到了自然的博大与森严。

22 心中的曼陀罗

心中的宇宙

当年在西藏阿里，我无数次看到过这种外圆内方一层套着一层的图案。它们或在墙上，或在纸上，或在洞穴之中……绚烂多姿，色彩鲜艳。虽然由于时间的漂洗，很多细节已看不分明，但那种寄予了无限想象力的气势，和一种庞大系统的缜密性，还有一种不可知的象征性，带着无法抗拒的力量劈头盖脸而来。

“这是什么？”我问阿里的老同志。他军装很旧，不过洗得很干净，这在阿里的军人里面并不常见，因为风沙大，基本上所有的人在所有的日子里，都风尘仆仆。

“那里面是佛教对世界的解释。”他说。那时候我 17 岁，他大约 30 岁吧，受过高等教育，好沉思和读书。在我眼中，已是足够的老迈和渊博。

“它在解释什么？”

“解释他们心中的宇宙是什么样子的。”这位被大家公认最有学问的人，常常从一件很小的事情，就说到宇宙。很多年后，我才明白，阿里这个地方，本来就和宇宙有特殊的联系，也许那时的他，就得到了某种冥冥之中的感召。

“宇宙就是这个样子吗？一圈套着一层，一层又套着一圈，层层递进，有方有圆的吗？那我们此刻是在哪里呢？是在方的框架里，还是在圆的中心呢？”我问。

“这我就不清楚了，那要问画这图案的人。”老同志居然也有无可奈何的时候。

“你看，这图当中还有类乎花草和人形的样子，是不是说明我们就在这里呢？”我充满好奇。

“那里的人，恐怕不是我们吧。”老同志斟酌着说。

“那他们是谁呢？”我穷追不舍。

“应该是神仙吧！”老同志也有点吃不准。

“可是，不是没有神仙的吗？”我说。

“人们对世界有很多种解释，没有神仙的说法，只是其中的一种。”老同志说。

我说：“这个图案叫作什么？”

“叫什么名字我真不知道，我猜它是信仰佛教的人们对西方极乐世界的想象。小鬼，这只是我自己的想法，你不必当真。”

他叫我“小鬼”，好像他是当年红军中的首长一样，这让我很恼火。那天的谈话也就此中断。

后来，老同志在一次雪山车祸中殉职，我曾到太平间照料过他的尸体。他躺在冰冷的水泥台上，尸衣已经穿戴完毕，看起来像在深睡。他的脸上盖着一条白色的毛巾，有清冷的风从半开的门中吹过（我不敢把门完全关死），毛巾上的绒毛在轻轻抖动，好像他还在呼吸。我轻轻揭开他脸上的毛巾，因为并没有伤到脸部，所以他一如既往地英俊着平静着，眼睑微合。新缝制在军装上的鲜红的领章和帽徽，反射着微光，映衬得他的脸色比平日还要神采奕奕。在边防军人的死法当中，他死得实在很漂亮。那时我们每年只发一副新领章，大家都俭省着，留到过年过节或是探亲的时候才佩戴。平日里，大家佩戴的领章都是旧的，色淡而有皱褶。我叹了一口气，觉得他会睁开眼睛，再和我探讨一下宇宙的事，可是，他顽固地耷拉着眼皮，虽留有一个细小的缝隙，但没有光芒射出来，很骄傲的样子，对人不理不睬。

从此，我再也没有和人探讨过这图案的意义。也许是为了对老同志的祭奠，我把他对这种图案的推断，当成了真理，这就是最原始的世界图解。我虽然记不住它们繁杂而又有规律的色彩，但那种令人眼花缭乱而又井然有序的图案一出现，我就会认出来，并肃然起敬。

后来，我走过了世界上的很多地方，凡是在藏传佛教流行的区域，都可以从精美的唐卡、堆绣、雕塑里看到它，我知道了它的名字，叫作——坛城。

坛城“曼陀罗”

坛城也称“曼陀罗”。

当你在字典里查找“曼陀罗”的时候，会看到两个最著名的解释，一个当然就是上面所说的这个符咒般的图案了，还有一个，是一种植物的名字，叫“曼陀罗花”。

先来说说这朵花吧。

“曼陀罗”小名洋金花、大喇叭花、山茄子等，多野生在田间、沟旁、道边、河岸、山坡等地方，原产印度，翻译过来可以意译为圆华、白团华、适意华、悦意华等。

《阿育王经》七曰：“漫陀罗，翻圆华。”又有曰：“曼陀罗华者，译为小白团华。摩诃曼陀罗华者，译为大白团华。”

这花传入中国后，小名又叫风茄儿、疯茄花、野麻子、醉心花、狗核桃、万桃花、闹羊花等等。

一朵花，为什么有这么多别名呢？是生长的地域辽阔？还是人们格外的喜爱或是垂怜？除了名字多以外，曼陀罗的颜色也很多，随之而来的就是花语，据说不同的颜色代表着不同的意义。

紫色曼陀罗——恐怖。

蓝色曼陀罗——诈情、骗爱。

红色曼陀罗——又称彼岸花、接引之花，花香有魔力，听说能唤起前生的记忆。

粉色曼陀罗——适意。

绿色曼陀罗——生生不息的希望。

黑色曼陀罗——不可预知的黑暗、死亡和颠沛流离的爱。

金色曼陀罗——敬爱，不止息的幸福。

白色曼陀罗——情花。如用酒吞服，会使人发笑，有麻醉作用，是天上开的花，白而柔软，见此花者，恶自去除。

曼陀罗花真有如此多的颜色吗？是何人给无知无觉的花草，阐释出了如此复杂的意义？也许来自梵语。曼陀罗，在梵语中就是指的杂色。

我相信科学。

《中国种子植物科属辞典》中说：曼陀罗，茄参属，茄科，分布喜马拉雅和地中海，我国云南西藏产两种。蒴果大，常有刺，花冠喇叭状，没有粗大的地下根，药用镇静、镇痉、镇痛、麻醉。

《本草纲目》中说：曼陀罗生北土，人家亦栽之。春生夏长，独茎直上，高四五尺，生不旁引，绿茎碧叶，叶如茄叶，八月开白花，凡六瓣，状如牵牛花而大，朝开夜合。结实圆而有丁拐，中有小子。八月采花，九月采实。

我不是要大家学习常识，而是觉得这曼陀罗花，也是和坛城有关系的。《法华经》中说，佛说法时，天雨曼陀罗花，又说道家北斗有陀罗星使者，手执此花。

曼陀罗，是藏传佛教中修持能量的中心。曼陀罗也被称曼荼罗、满达、曼扎、曼达……意译为坛场，以轮围具足或“聚集”为本意，泛指一切圣贤、一切功德的聚集之处。这样供奉曼陀罗，就是积聚福德与智慧最圆满而巧妙的方法。以曼陀罗的形式来供养整个宇宙，是很多方法中最快速、最简单、最圆满的。曼陀罗是僧人和藏民日常修习秘法时的“心中宇宙图”，共有四种，即所谓的“四曼为相”，一般是以圆形或正方形为主，相当对称，有中心点。

坛城有“证悟的场所”、“道场”的意思。塑造和绘制时，需根据尺度（即比例尺寸）进行。材料各异，有木制的，有金属材料制做的。方法也各异，有绘画的、彩粉的，也有用细砂造的。但都是构图华丽典雅，内涵博大精深，具有宗教和哲学、心理学和美学的深刻意义与价值。

在藏传佛教中，信徒经过启蒙后，就要给予特别的指导，教他们如何观看曼陀罗（难怪当年我们看不懂）。曼陀罗描绘了和蔼宁静之神和凶恶愤怒之神，描绘了存在力量的冲突，有着原始的冲动和激情，也描绘了神性之光——存在于精神深处。如果精神上进入曼陀罗，你就能使自己由对立到达统一。

23 草原上的猎人树

在内蒙古草原一处叫作“嘎拉德期太”的小站下车，住进铁路旅社。安顿好行李，进卫生间洗脸，发现一桩在别的客站里，从未享受过的待遇。

一南一北，摆了两个硕大的浴缸。小小的卫生间因此挤得满满的，洗漱台上连放牙膏的地方都仄窄不堪。更令人诧异的是，浴缸里注满了弱黄色的水，散发着怪异的气息。

原来这嘎拉德斯太——是蒙语“热泉”的意思，这个小镇的汉语名，就叫作“热水汤”。浴缸里晾的水就是药物温泉。那水涌出时高达八十多度（当地老乡用它直接给过年猪褪毛），必得兑了冷水，才可洗浴。这样一来，就有矛盾了。冷水没有药性，会减低疗效。于是，旅店立下好客的规矩——每天早晨在浴缸里接下热泉，晾凉了，以款待远方的旅人。

因水中富含硫黄和氡离子，所以，有特别的气味和颜色，

2005年，在青海日月山

能治风湿症高血压皮肤病关节炎美容美发……

推开窗，草原的风很刚烈地扑你满怀。屋后的小山坡上，有一棵树上系着密集的红飘带，被秋风撕成弯曲抖动的火焰状，犹如一位魔女摇晃着红发。

浸到水中洗浴，阻力分外大，好似一池黏稠的蜂蜜，同时又是爽滑波动的，如蛋清般晶莹透彻。当你把整个身体浸泡其中的时候，觉得自己变成一块小小的卵石，圆润菲薄，可以沿着水面，轻盈地点着水，无限度地滑翔，旋出无数水漂……当你举起手臂的时候，仿佛有透明的水帘悬挂在肌肤上，随着你的手指轻轻飘荡。手若再抬高，水帘只有无可奈何地滑下，油滴般地坠入水中……被水柱溅起的味道，人嗅了有些紧张，不由得联想起岩浆和火山爆发。

未施任何洗剂，出浴后头发竟像缎子。每一根细丝，再不是被城市荼毒了的焦渣，而像是从野生紫貂那里借来的毳毛。于是忙问服务小姐，此水的奥妙何在？

小姐说，你从后窗看到那棵披红的树了吗？很久很久以前，草原上有一个高大威猛的猎人。有一天，他碰到了一匹受伤的白鹿。他好心肠地为白鹿止血敷药，白鹿临走的时候，用蹄子踏着青石板说，过些日子，会有一场滔天的瘟疫流行。那时候，你就打开这块石板，下面会有一股热泉喷出。你用泉水洗身，就能躲避瘟疫。只是，你要记得啊，对谁也不能说。如果你告诉了别人，你就会变成一棵树……

白鹿走了。果然，不久草原上瘟疫流行。猎人在黑夜打开了石板，白色的雾气蒸腾起来，猎人用泉水擦拭全身。别的人一批批地死去了，只有猎人安然无恙。猎人沉默着，一天天消瘦。终于有一天，他把大家召集到一处，说，快快打开我脚下的这块石板吧！用石板下涌出的热泉擦身，你们的病就会好了……

随着话语，猎人的脚最先变成了树根，紧接着身体变成了树干。猎人最后的话，是从树叶沙沙的响声中传出来的。

猎人不见了，只有一棵榆树，孤独地站在那里。人们纷纷用热泉洗澡，瘟疫就退缩了，草原重新恢复了生机。人们开始祭拜这棵猎人树。

后来，“文化大革命”中，有人说这是一棵神树，而神是荒谬的，就把榆树砍掉了。草原上的人忘不了猎人，近年来又栽了一棵松树，经常在松树上系着红飘带，以纪念猎人……

小姐讲得动情，我听着耳熟。晚间，当第二次把自己埋入这神奇的泉水时，我突然想起来了……

小时候，读过一则内蒙古民间故事，正是这猎人树的传说，那时的我觉得猎人真是顶天立地的大英雄。但此刻的我，在猎人以生命换来的水中，却生出了重新审视的疑问。

这古老的传说，牢牢地带着农耕时代的项圈，有一种闭关锁国的凄楚。

热泉的实质是什么？是一条宝贵的信息。为什么祖祖辈辈生活在这里的牧人和猎人不知道底细，而非要由一条莫名其妙的白鹿告知？白鹿好像有半神半妖的背景，不然，它为何知道泉水的秘密，为何能预报瘟疫的流行？

哦，只有超人的背景才可能得到信息，普通的人无法掌握自己的命运，这就是古老社会的戒律。

由于神秘白鹿的启迪，行善的猎人由这一特别的孔隙（好心才有好报），得知了具有巨大价值的秘密。一半是疫情预报，一半是特效药介绍。但他必需独享这一情报，否则即将受到严厉的惩罚。

猎人虽应用高科技保全了自己的生命，但良心受到了巨大的煎熬。他面临着抉择。将信息共享，自己将遭受灭顶之灾。保持信息封锁，才能维持个体兴盛。

猎人在进行了相当长的思想斗争之后（我们有理由这样推

测，中间有一个时间差——因为草原上已经有很多人悲惨地死去了），决定将秘密公开，于是出现了一个惨烈的结局。众人得救了，但猎人变成了树。

这个含义丰富的故事，在很长的时间内，被道德光环笼罩。当猎人必须要在自己的生命和众人的生命中，只能取一的时候，他牺牲了自己。

这当然是没有错的，但这里想问的是——那股把猎人变成树的力量，到底是什么呢？它是仙还是鬼？是正义还是反动？

当年在我幼小的脑袋瓜里，以为是白鹿搞的阴谋。一想，也不像。白鹿若有那么大的本事，自己就可以把伤医好，或者索性就不会受伤，根本没猎人什么事了。我后来又曾以为那股邪恶的力量，是泉水自己的主张。它只愿为少数人服务，不乐意造福大众。想想也不是，它至今还在热气腾腾的冒着泡，连为老乡家的年猪褪毛都在所不辞，可见是个好脾气的神灵。百思不得其解，只好认为那禁令的咒语，是一种混蛋逻辑。

其实，从泉水的角度考虑，如果猎人不把它公之于众，它就压在青石板下暗无天日，潺潺复潺潺。作为一注天地精华，如此隐姓埋名，从自我实现的角度来说，暴殄天物。

猎人给白鹿医伤，才得知秘密，是否意味着信息的获得，要付出非同寻常的代价，并不是人人唾手可得。

于是，热泉在这里，就形成了某种强烈的象征。它只能由神授，凭着机遇和良心，降临到极少数的人头上。你要懂得珍惜和保存它的秘密。一旦违背了天条，众人都品尝神秘之树结出的果子，皆大欢喜。但你作为秘密的最初享有者，就毫无利益可言，等待你的只有灭亡。你要切记这个道理，明白利益攸关。自我道德完善完美的后果是——你断送了卿卿生命。

这真是农耕时代的一条铁律，猎人的故事将此渲染得尽善尽美。它流传了很多年，但今天受到了挑战。

信息在共享的过程中，并不衰减，反倒放射出了更灼目的光芒。作为提供信息的发布点，它理应受到正面的激励，在物质上有回报，在精神上有张扬，在道义上有共鸣，在利益上有保障。

假如猎人树的故事发生在今天，我看猎人可以在保证自己知识产权和专利的前提下，向牧人们供应精制的矿泉水。可做出大批保温桶，灌装后物美价廉地治病救人。也可把矿泉水的有效物质提炼浓缩，制成精粹干燥结晶，逐一小包装，批发到远方。这样，只要在家中把水烧热，再把“白鹿猎人”牌的矿盐，溶解其内，一盆惟妙惟肖的沐浴之汤就可以请君入瓮了……

那样，就可以救更多的人，把神水泼洒到更远的地方，猎人也可以获得更多的利益，循环往复，销售更多的神水了。

何乐而不为！

而且从本质上说，猎人也没有违背白鹿的规则。猎人并不曾告知别人这个秘密，他只是说，我有一种药，配方保密，如同可口可乐，你们可以一试……

热泉或许真有醍醐灌顶的作用，我于是有了以上这些纷纭想法。一时睡不着，推窗眺望，窗外的山峦上，猎人树被月光照射着，犹如披着银甲的老将军。可惜他被落后的时代扼杀了，如若活到今日，或许成了草原上的比尔·盖茨。

24 陇西行

陇是甘肃的简称。夏天，我从兰州出发，沿古丝路西行1500公里，抵达敦煌。

电视里曾疯狂地普及过丝路和敦煌的知识，我窝在城市里，以为自己已无所不知。真到陇西一走，才发现再大的电视屏幕也代替不了我们的眼睛，更不消说每个人的心灵都是特定的频道。别太相信那块20英寸的玻璃板，它在扩大我们视野的同时，扼杀我们的想象。

那么多人写过丝路，写过敦煌，好像一个插满针的针插，已无从下手。西行的时候，我已决定什么都不写，让心灵毫无负载地飘向蓝得令人眼晕的天空。回来后，忙忙碌碌地做别的事，我以为已彻底地遗忘了敦煌。突然有一天，我发现自己常常爱同别人讲敦煌，讲那些属于我自己的记忆和感觉，朋友们会津津有味地听，好像他们从未看过那些介绍丝路的风光片和旅游指南。我检查记忆之壁，看到当时思维留下的痕迹，有的已被抚平，有的仍像甲骨文痕，虽然浅淡，却难以消失。

我写的绝不是一篇系统的丝路游记，只是时间之筛无意中留给我的大点的石头子儿。

铜奔马的疑阵

铜奔马是我国的旅游标志，也是甘肃武威的市徽。这匹足下踩着鸟的铜马，最初叫“马踏飞燕”。记得“文革”中，我是在西藏雪峰的空旷地上，从慰问解放军的电影里，第一次认识这匹马的。粉碎“四人帮”后，又曾见报上载过。那马本该叫天马的，因当时林彪自比天马行空，连累得两千年前的铜马也名不正言不顺了。

这匹马轰动过世界。一位美国学者曾询问：“这匹马是地震摇撼出来的？是洪水冲刷出来的？是暴力主义者强挖出来的？是文物工作者保存下来的？”

到了武威，自然想去看铜奔马出土的地方。

1969 年，到处在深挖洞。在武威城北两华里处，有一座高 8 米、长 100 多米、宽 60 米的长方形夯筑土台。台上建有雷祖观，故名雷台，挖地道的人们掘出了一座东汉晚期的大型砖室墓。

我们沿幽暗冷寂的墓道沉进墓穴，有汉代的风在脖子后面飕飕掠过。满身的热汗倏地缩回去，终于走到蒙古包一样的拱形墓室。一块块青灰色的汉砖，在昏黄的灯光下，显出宁静幽远的坚固。也许因不见天日的缘故，砖像青萝卜一样新鲜，敲

在酒泉卫星发射基地指挥大厅

弹起来当当作响，仿佛含有金属的颗粒。“这种汉砖，每平方厘米可以承受500公斤以上的压力，而我们仿制的砖，不到200公斤压力，就碎了。”主人指着一块新砖说。相比之下，现代人的产品像伪币一样菲薄。

“这古砖是用武威的土烧的吗？也许是从外地运来的呢？”我问，想起现时的贵人们常用舶来品，若是后世的考古学家以为这是寻常百姓家也能享有的玩意儿，岂不带来学问上的不严谨？从这墓穴的规模看，死者生前显赫。

“化验过了，这就是用的我们的土。两千年过去了，我们还烧不出老祖宗烧过的砖。”主人长叹一声。

在墓穴的穹窿上，有一脸盆大小不规则区域，被色泽浅淡的新砖填塞着。主人介绍：“这是盗墓者留下的痕迹，我们修补了。但是很奇怪，墓内的随葬品保存完整。我们推测，也许盗墓贼刚挖开洞穴，便发生了一件不可捉摸的意外，他匆匆掩住决破口就离开了，但却永远没有再次打开。”

想想在一个月黑风高的夜晚，这里曾发生过谁也无法知晓的恐怖故事，墓室的灯火也摇曳起来。

墓穴很干燥，没有特殊的异味。遗骸是一罐烧焦的骨殖，其中还有一段未经焚化的羊腿骨。

这是怎么回事？我们都极感兴趣。

向导说这是考古界争论不休的难题，涉及学术，不可妄谈。他讲了一段野史。汉代凉州有一家要添丁了，算命瞎子对他们说：第一，你家要添一个男孩，这个孩子将来会成为凉州刺史。第二，这孩子生于这座楼上，也将死于这座楼上。第三，他将被烧死。

我觉得不管灵验与否，这瞎子还是很大无畏的，敢说好话，也敢说歹话。

后来，这家的女人果然在高楼上产下一子，长大后弑主自立，成为不可一世的凉州刺史。刺史对占卜之话笃信不移，特命照他家的楼阁烧了一座陶楼，置于早已修好的墓穴之中。后来，因为他拥兵反叛，遭人征伐，自焚于那座楼阁之上。占卜之人的三条预言都惊人地应验了。

汉代兴厚殓，所以他死后还是享有了非凡的排场。骨殖已烧得不完全，进孝道的后人便补进一块羊骨。那座陶楼也完整地保存下来了。毕竟是做过刺史的人，陪葬物中，除了金、银、铜、玉等珍宝外，还有99件精致的铜车马武士仪仗俑。率队驰骋的，就是举世闻名的铜奔马。

这故事几乎天衣无缝。在凄冷的古墓中听这残酷而又带有宿命色彩的解释，生出人生无常的悲凉。

还是来看美丽的铜奔马吧！它昂首嘶鸣，风驰电掣。要在绘画中表现马的神速并不难，只需添些翻卷的云霓就行了，比如飞天脚下的飘带，曲曲折折，便显出无限的高度与速度。然而在铜坯上制造这种扶摇临风的英姿，十分困难。那位敢于犯上作乱的刺史手下的能工巧匠，把支撑马体全身重量的右足放到了一只鸟上。既表示其奔腾的速度超过飞鸟，又巧妙地利用飞鸟的躯体，扩大了着地面积，保持了奔马的稳定。

将近两千年后，这位智慧工匠的子孙们，开始复制这一杰出的工艺品（它可以换回高额外汇）。但仿制的铜马无法站立，在柔软的红丝绒上，它们毫无例外地栽向一侧。技术人员做了许多实验，进行了繁杂的计算，终于使现代的铜奔马同老祖宗的铜奔马一样，也能取凌空之势了。今人们因此得了科技成果奖，我想这个奖应给两千年前那位无名的工匠。

铜奔马率领的仪仗队，披一身凛冽的清光，肃穆地布列于墓室之中，仿佛有车辚马啸之声传来。

“这是按照我们的方案布列的。”主人说。

“难道还有什么另外的方案吗？”由不得人不追问。

“有啊。日本人的布阵法，美国人的，欧洲人的，各有各的高招。”

这99件铜兵马俑，仿佛一把凌乱的军棋子。除了铜奔马率先没有疑义外，其余的子，被随心所欲地组合。

“那么，最初发现时是怎样布阵的呢？”

“没有人记得了。当时正在战备，挖到这个墓坑，大伙找来一个大筐，七手八脚地往筐里捡文物，像地里收山药蛋似的。旁边蹲着一个会计，拿个小本记着：铜人1个，铜马1匹……”

又是一个千古之谜！铜兵马们原来是井然有序的，它们携带着两千年前的一种思维一种文化一种风格，是有机的整体。现在牌被打乱了，黄白皮肤的学者都在洗这把打乱了的牌，彼此争论不休。

丹麦的赛马协会主席曾写信说，我们专门头了铜奔马的复制品，以奖给每年获胜的欧洲冠军。他还说这匹马的姿势，不是“奔马”，而是“跃行马”，走对侧步，速度更快。

两千年前那位篡权的凉州刺史，大概绝没有想到他的死、他的砖、他的铜马构成了这许多难以破译的密码。只有造成铜兵马阵之谜的原因我们知晓，那就是——愚昧。

地下600米处的餐厅

没到金川之前，不知镍为何物。到了这号称“镍都”的地方，才知道每个普通人都拥有这种美丽的银白色金属。不信，伸手摸摸你的裤兜，掏出几枚钢镚——这就是镍币。

镍号称“工业维生素”，著名的不锈钢就是因为含有镍。在国际上，一个国家拥有镍的数量，成为科技发达的标志。中国原来是个贫镍的国度，在没有发现金川这个世界第二大镍矿之前，镍完全依赖进口，据说那时动用1公斤镍，要经过国务院副总理的批准。1958年——虽然成了令人诅咒的年代，但在大炼钢铁全民找矿的口号下，一个放羊的孩子把龙首山上拣到的一块矿石，交到了地质学家手里，从此，一座巨大的矿山从这块孔雀绿的矿石里萌生。

我们参观了壮观的露天矿坑，它像一个楔向地心的巨大圆锥，又如火山喷发的遗址。蜿蜒的汽车道像炮膛里的来复线，镌刻在开掘而形成的人工峭壁上。看坑底的汽车甲虫似的蠕动，有一股魔幻般的感觉。

这是老矿坑，经过几十年的开采，已经基本停用了。但那锥子似的刺入山体的气势，仍叫人生出稍含恐惧的敬意。

“我们开始进行矿山的改造工程，挖掘了亚洲最长的主斜坡道，可以深入到地下600米。待全部完工后，镍产量将大幅度地提高。”总工程师介绍说。

“能到矿井下面去看看吗？”我提议。太想钻到地底下去看看。如今有了飞机，上天并不难，有幸犁进地球皮肤下面去试试温度的人却不多。

这是一个计划外安排，由于我们的不安分和主人的热情，终于成行，成为此次西游中辉煌的一章。

先运来一批下井的服装——长衣长裤长筒胶靴外带天蓝色的安全帽。我穿戴齐全，却发现致命一击：因为来时穿裙，没有皮带系裤。搜索四周，拣了一根尼龙包装绳，还是粉红色的，兴高采烈扎在腰间。胶靴也太大，像副舢板，每走一步，脚趾前都有一块方形鞋底不肯随之起落，仿佛在给大地扣印章。靴筒很高，直箍到膝盖以上，行进时像木偶一样机械。不知这副行头别人观感如何，自己觉得很威风凛凛。在主斜坡道口留影，刚摆好一个英勇的姿势，同伴提醒我最好解掉腰间扎的粉红尼龙绳。于是跑到一位男同胞面前，说：把你的裤腰带借我使使。他便很大度地用双手扶起自己的腰，让我雄赳赳气昂昂地留下了这难忘的一瞬。

坐一辆面包车，开进主斜坡道，缓缓地向地心滑去。主斜坡道其实就是一条长长的隧道，中途有分支通往开采矿石的工作面，它仿佛叶片的主脉，又是地下交通干线。因尚未完全竣工，没有照明，汽车好像往深海下潜，只有车灯像黄熟的竹杠，在前方扫出比车身还细的通道。拐弯时，灯柱便猛地打在嶙峋的山石上，倏忽又转移到更幽暗的远方。

总工程师示意停车，他要检查掌子面的进度情况。我们下了车，才知道山的表面干燥严峻，内里却像草莓浆汁般丰富。滴滴答答的泉水敲在安全帽上，仿佛头上岩缝中匍匐着一位少年鼓手。脚下一片泥泞，黄浆互相攀缘着爬上胶靴高处，一股瘆人的寒气穿透脚心的涌泉穴……

走着走着，开始气喘，好像这里是高原。其实这里已是地下400米，海拔并不高，主要是通风不良。想到我们偶尔一次还觉辛苦，那些最初的开拓者，曾经历怎样的艰难！

运送矿石的车从我们身边隆隆驶过，随手抓到一块镍矿石。漆黑的断面上，密布着星辰一样闪烁的银斑，这就是神秘而宝贵的镍了。山川之精英，泄为至宝；乾坤之瑞气，结为奇珍。后来在太阳下，总工程师掂着这块沉甸甸的矿石说，含镍量当在3%以上。按照标准，含镍量为1%就算富矿，这一块石头，要算特富矿了。

在岩石阴冷森严的气息中，突然闻到肉炒柿子椒的香气。这毫无疑问是错觉。人在这亘古沉寂的地心，潜藏着无以排遣的恐惧。冥冥中总觉得山会毫无征兆地塌下来，自己会变成亿万年后的琥珀或是煤。潜意识会使感官混乱，但是我看到别人的鼻翼也在抽动，幻觉难道也会传染吗？

“现在，咱们去看看地下餐厅。”总工程师轻松地说。

明亮的灿烂的暖洋洋的像玫瑰一样鲜艳的火，三位丰腴而洁白的女人，像黝黑底色上的油画，凸现在我们面前。

金属矿是不禁烟火的，于是在地下600米深处，有这样一座整洁的餐厅。它位于主斜道一侧，像一个平静的港湾。一排圆木钉成的餐桌，简陋，但干净，看得清涡轮状的木纹。厨房里，巨大的发面团把一个沉重的锅盖，顶得颤颤巍巍晃动。一个女人在择豆角，嫩绿的汁液像露水似的从断端沁出，一缕柔曼的绿须像少女发缕卷成“8”字……

我们怔住了，多么安宁，平和！一份不属于地下不属于黑色不属于镍不属于男人的温柔，像薄暮时的雾霭扑面而来——我们在这一瞬间都想起了家！

同女人们聊天，问她们自己的家在哪儿。女人们用沾着面粉的手指，笔直地竖起。他们头上是龇牙咧嘴的岩石，再往上，是山峦厚重的肌肤，共达600米。

“这里苦吗？”我悄声问。

“苦。”她们垂下眼帘，好像不好意思承认，“不过，也有比地面上好的地方。”

“哪里好呢？”

“在这儿做饭没有苍蝇！”她们一起回答。

我们坐罐笼回升地面。那是一间极窄小的铁皮房子，四处漏风，还从不知什么地方，爬进凉毛毛虫似的冷水。耳边鸣笛似的飞过风的尖啸，四周是墨鱼汁似的黑暗。只有吱吱嘎嘎铁器运行时的摩擦声，才提示你身边的这一处黑暗已不是那一处黑暗。终于，有奶一样的天光自头顶笼罩下来，那光像浪花湍急地明亮着，直到迸溅出灼目的光芒。周围的人像浸泡在显影液中，迅速显示出从轮廓到细微的差别。啊！到地面了。

这才知道阳光、干燥、流动的风……都是无比宝贵的东西。

黑牛引路的民族

凡是人数极少的民族，我都以为他们生存在西南的十万大山里。只有偏远闭塞，才能保持住他们特有的习俗和文化。若在通衢大道旁，便很容易同化或繁茂起来，不再保留古风。听说整个民族尚不到一万人的裕固族，邀请我们到他们的民族饭店做客，我在深刻检讨自己孤陋寡闻的同时，由衷地高兴。

裕固族现有 9145 人，全部居住于甘肃张掖地区肃南裕固族自治县，以畜牧业为主，有自己的语言，没有文字。

裕固族的宴席很丰盛，烧羊羔肉脍炙人口。据说，当地流传着“宁吃一顿羊羔肉，不坐三请六聘九家席”之说。我因不吃羊肉，失去一顿好口福。其他的菜都没有什么特色了。席间有两位裕固族女郎，身着鲜艳的民族服装，为大家敬酒。

他们一边用裕固族语言唱着悠扬的祝酒歌，一边用手指将酒虔诚地弹向高空，洒下大地，这大概是一种古老的习俗，然后双手将酒捧给客人。在这种不加解说的热情面前，由不得你不喝。不一会儿，席间的气氛就像火焰似的沸腾起来。

两位姑娘是表姐妹，一个叫银杏，一个叫月亮，都是极美好的名字，长得也像名字一样美丽。我与同行的一位女友争执，到底谁更漂亮。我喜欢姐姐银杏灼目的冷艳之美，女友喜欢妹妹月亮清澈的纯真之美，总之，裕固族姑娘有一份东西交融的迷人风采。

在我们要求下，她们演唱了裕固族古老史诗的片段。歌声古朴苍凉，仿佛一支鹰笛在草原上空盘旋，大意是：

我们是来自遥远西方的旅人，
祖先告诉我们：故乡在西直哈赤。
黑色的神牛引路在前，
来到八字墩下。
站在八字墩上瞭望，
沙漠中有一丛玫瑰色的红柳花，
这里是一个吉祥的地方。
从此我们留在了这里，
成为今天的裕固人。

“那么，西直哈赤又在哪里呢？”席后，我问两姐妹。对于这样一个曾经漂泊过的民族，你会激起强烈的寻根愿望。

“西直哈赤大约在新疆喀什或吐鲁番一带。我们的祖先是一个强大的部落，后来战败了，开始逃亡。有一年我到新疆去，突然发现那里的一切都非常熟识，好像我在梦中曾无数次游览过这地方……”银杏说。

我想这是完全可能的。一个民族的集体无意识，一定以某种生命物质的形式，储藏在遗传基因的密码中，像火炬接力赛，一代一代传递下去。

后来查了资料，才知道裕固族属于中国的古民族，公元6

世纪时，游牧于阿尔泰山一带，曾经建立过东至辽河、西达里海、北到贝加尔湖的辽阔国度。

姑娘们的父母都是牧民，父亲是草原上著名的歌手。妈妈领着小银杏去挤牛奶——这对孩子们来说，是个枯燥的活儿，妈妈就教她唱歌，最初的歌儿就随着洁白的乳汁，渗进她幼小的心田。后来，作为裕固族第一位歌手，她到了北京，获得了少数民族节目会演优秀奖。她到处演唱裕固族的歌曲，有一天接到一个奇怪的邀请——匈牙利国家电视台邀请她去访问。

匈牙利大使馆的人听到了裕固族的民歌，觉得同匈牙利的民歌有那么多的相似之处。他们把银杏邀到电视屏幕上，与一位匈牙利歌唱家对唱。你唱一首，我唱一首，一共录了100首。

“真的很像吗？”我问，这太不可思议了。

“真的很像。”银杏肯定地答复我。

“那这是怎么回事呢？”我陷入迷惘之中，肃南和匈牙利，这中间的距离太遥远了！

“我也这样问过匈牙利人，他们说，他们就是以前的匈奴。”

据说匈牙利的语言学家考察过裕固语，也发现了惊人的相通之点。

面对这两个漂亮的裕固族姑娘，你突然发现仿佛面对历史与地理的迷宫。

465窟

陇西行的终点是敦煌。一路上看了那么多景观，我们都以为自己的兴趣像无以补给的内陆海水，水位越来越低。不想当敦煌从远处地平线像飞蝗一样扑来时，内心仍然激起喜悦的狂潮。

敦煌、莫高窟这些名称，都带有字面上难以理喻的含义，让人联想到异域的古奥。我爱刨根问底，便搜集来许多种说法。我也不是史学家、文物学家，便依了自己的好恶，只取最喜欢的一种解释。

敦煌：汉代曾有人解释为“盛大辉煌”之意——原来这还是一个形容词。

莫高窟：因为千佛洞石窟修造在沙漠中鸣沙山崖壁之上，别处的沙漠地形都低，唯这一处沙漠高兀，故称“漠高窟”。因沙漠的“漠”与莫名其妙的“莫”，古时通用，所以传为“莫高窟”。

莫高窟还有一个解释，说是乐僔和尚首先开凿洞窟，因道行“莫有高过此僧”的，故云“莫高窟”。我愿把这说法隐匿起来，向大家推荐“沙漠高处的石窟”之解，它在雄伟峭拔的自然力之上又镀有人工雕琢的精巧之感。

如今的敦煌似乎当不起“盛大辉煌”这个词，是座县级小城。全城都在买卖旅游商品，像一条文物街。

到了敦煌，仿佛进了另一国度，流行一套陌生的术语。弄不清它们的确切含意，就无从了解敦煌。

比如“窟”，就是山洞的意思。莫高窟坐落于敦煌城东南25公里处鸣沙山东麓，共有492个洞窟，45000多平方米壁画，两千多尊彩塑，故称“千佛洞”。再通俗些讲，一座窟就是一座庙，内塑神像，莫高窟就是庞大的庙群。远远望去，窟像密集的蜂巢，排列于峭壁之上。窟都按顺序编号，不按年代，也不按大小。从左至右，像门牌号数似的一字排下去，很平等公正。工作人员熟练地称呼着“××窟”，就像我们描述家庭住址一样。窟是分等级的，我们最后参观的465窟，是特级窟中的绝密，对海内外游人都从未开放过，任何一本游览手册中都没有对它的描述。

比如“经变”，就是把佛教经典用绘画、文学的形式表现出来。画出来就叫作“变相”，用文字写出来，就叫作“变文”。敦煌壁画大多数是经变故事，看起来像一幅幅连环画。

再比如“藻井”，看画册时我怎么也弄不明白它指的是洞窟的哪一部分。其实就是洞顶的天花板，不过它不是平坦的，而是一直拱上去，好像一口挖向苍穹的井。

好了，我们现在已经掌握了浏览敦煌的基本术语，可以向莫高窟进发了。

正是夏末秋初大漠上的黎明，朝日蓦然跃上三危山，将其庄严神圣的金光洒向鸣沙山，遍地流金溢彩，宛若仙境，给人留下刻骨铭心的记忆。

1600 多年前，从大漠深处走来一个和尚，身披玄色袈裟，手持齐眉禅杖，他也看到了这奇异灿烂的金光，被这奇妙宏大的景象眩惑，在断崖上凿开第一座洞窟，修造了第一尊佛像。这位和尚就是莫高窟的创始人乐僔。

因为我们一行中有德高望重的长者，管理人员为我们打开不少秘窟。说是秘，也是这几年才严肃起来的。当地人说，前些年，有些洞连门都没有，人们可以像山风一样自由出入。如今，特级洞窟要经敦煌研究院院长亲批，而且每窟每人次参观费用要 100 元以上。

也不能怪敦煌的管理者故弄玄虚。据说用进口的仪器测定，一批游人进窟后，洞内的温度、湿度、二氧化碳浓度顷刻间便上升。游人走后，所有异常指标在几天内都无法降下来。人们在满足自身求知欲探险欲游览欲的同时，给这古老的窟院带来难以挽回的破坏。

太阳渐渐蒸腾出热浪，走进洞窟的第一个感觉是清凉如水。朦胧中见许多紫髯碧眼的北欧游人，赖在洞里不出来，他们更怕热。第二个感觉是黑。所有洞窟为了避免损坏，都不装灯。于是大家摩肩接踵，围着导游的大手电筒转。

开凿洞窟的鸣沙山断崖，为赭灰色半风化的砂岩，表面像橘皮似的粗糙，仿佛用手指一抠，能拨下岩石的颗粒。我想这座天造地设的山，是莫高窟得以伟大和久远的先天之宝。若是极坚硬的石山，开凿起来就太困难了，洞窟就一定没有这么多，本小力薄的施主也就知难而退了。若是极酥的山，凿起来容易，塌起来也容易，就保存不到今天了。这山石只易于打洞，却凹凸不平，只好在洞壁糊上泥巴，因此诞生了莫高窟仪态万千的壁画。又因石头无法雕镂，只得以木胎绳麻泥土为塑，因此便留下千佛洞鬼斧神工的雕像。

古丝路曾经很繁华，这给莫高窟的修造提供了强大的物质基础。后来战乱频生，这一带又极荒凉，给莫高窟的保存维持了最宜环境。若一直繁华下去，善男信女们会不断粉饰洞窟，我们如今哪里还能看到魏晋盛唐时的真迹？！荒凉杜绝了人为的破坏，西北干燥寒冷的气候，又似一只冰箱，奇迹般地将莫高窟掩埋在流沙之中，完整地保存下来。

昔日的敦煌，已淹没在历史的长河之中，屡屡袭来的边塞烽火，使长城坍塌，阳关毁弃。历史祸福相依，莫高窟像台风眼中的一叶扁舟，载着千余年前的辉煌，成为中国的骄傲。

我们一个一个洞窟参观，沿栈道攀缘不止。关于敦煌，已经有了那么多专著，我不再重复它们的话，只写属于我自己的那一份感受。

所有的人都说壁画精美绝伦，但十个指头还有长短哩！那时的工匠有技术精绝的高手，也有技艺平平的一般工程人员。看到一幅经变图，开头画得很宽松，想象的出画工从容不迫优哉游哉的样子。但显然计划不周，故事没完，后面的地方不够了。他匆忙起来，人也小了，画面也挤了，总算把结尾安排进去。这肯定是个边设计边施工的新手，没个统筹安排。他的粗疏连同他的业绩，一起流传下来。

佛教的经变故事看得人回肠荡气，但看得多了，便发现人物性格十分单一，实属艺术世界的扁平人物。

比如296窟，建造于北周。此窟顶为覆斗形，四周藻井为华盖式，井心为水池莲花，四角画飞天，藻井外围由忍冬、莲花、禽鸟、宝珠、宝瓶等组成图案，窟顶四周是此窟的主题画，其中之一为《微妙比丘尼缘品》。

微妙是一个女子的名字（多有特色的名字）。她婚后回娘家生孩子，没想到半路上就临产了。血腥味召来了毒蛇，咬死了她丈夫。过河时，她怀抱婴儿，没想到儿子又被狼吃掉了，自己被水冲走。好不容易苏醒过来，碰到娘家报信的人，说她娘家失了火，父母全被烧死，微妙已无家可归了。没办法，她改嫁第二个丈夫。再次生子之时，丈夫喝醉了回到家，把刚出生的婴儿煮熟了下酒，还逼她一起吃。微妙只好逃出家门。在路上碰到一个丧妻的男子，微妙又嫁给了他。婚后才7天，第三个丈夫又暴病而死，按照风俗，微妙被殉葬。半夜里盗墓贼扒墓，微妙获救后，被强迫与贼首结婚。第四个丈夫被抓住判罪处死，微妙再次殉葬。这一次是狼扒坟救了微妙，微妙见了佛，佛把她度为比丘尼……

多么悲惨的命运，中国的祥林嫂见了微妙，也要自叹弗如。

但微妙完全是听凭命运摆布的人物，看不到她的性格与色彩，更谈不到发展。这样的故事看得多了，便觉单调。

我特别留意16号窟、17号窟，因为这就是著名的藏经洞所在。这是一座晚唐时的新型大窟，高大宽敞，像个小礼堂。在洞窟主室中心，设有马蹄形佛坛。四周饰有团凤壁画，是宋代绘制的。19世纪末，一个名叫王圆箓的道士雇人维修千佛洞。当他清理到这个洞窟时，扒开流沙，突然听到轰鸣之声并且在窟甬道北壁墙面出现裂缝。王道士将耳朵贴近裂缝并用手敲了几下，发现是空的。他试着打掉壁画，看见里面出现一扇小门，打开小门，发现一间密室，其中堆满数不清的经卷、文书、绘画等，共计5万余件，这就是后人所称的藏经洞。

藏经洞现在称为17号窟，面积约10平方米大小，相当于城市中两居室单元中的那一小间，供有河西晚唐时僧统洪䛒的塑像。这座小窟原是洪䛒的影窟（纪念窟），公元11世纪时，由于河西地区动荡不安，寺院的僧侣们为使经书免遭战火，就把各种佛典和其他文书藏在这座小窟中，封闭了窟门，又在外面糊上泥巴，画上壁画。当年蒙宝的人不知为什么再未打开这个窟，秘密便保存了900年。藏经洞被发现后，遭到了帝国主义分子肆无忌惮的掠夺和盗窃。沙俄、英国、法国、日本等国的探险家共攫走4万余件敦煌文书，我国仅存1万余件，而且绝大多数为外国人挑剩下的佛经。

一座普通的坟墓从车窗外一闪而过，“那就是王道士的墓。”导游说。我急忙回头，已看不仔细，淹没在一片黄尘之中。

该如何评价这个人？很奇怪，怎么当年让一个道士管理佛家寺院。他曾以极低廉的价格，将敦煌文书出卖给外国人，该是中华民族千古不赦的恶人，但据说他为人十分清廉，所得款项均用来维修濒临倒塌的千佛洞。

据盗买文物的俄国人奥布鲁切夫在《中亚僻地》里回忆：王道士保存古写本的地点是洞窟中的一个陈列室，依次通过三个房间，才能到达洞窟的最深处，那里几百年未换气通风，而且绝不见阳光，王道士说自己平时极少进去。纵使进入也只限于寂静的清晨之时。首先在第一窟室祷告数分钟，继而在第二窟室也依法从事。进入最后一室也要先等待数分钟而不能马上接触经书，为的是去掉入密室前人身上所带的热气、潮气及邪念……

王道士在保存敦煌文书方面，是虔诚甚至是科学的，他的出卖文物，更多是出于无知。

探险家们如取自家之物，将中华民族的瑰宝——敦煌文书，运回了各国的博物馆。由于他们先进的设备和技术，使这些古文书得到了极妥善的保管。英国和法国率先公开了所有的古文书，这不仅对中亚历史，而且给整个东方学的领域，都带来了莫大的进步。敦煌文书的流失，使得它在客观上成为整个人类共同的财富。今天，世界范围的敦煌热、丝绸之路热，同敦煌文书的广泛流布，有着不可分割的关系吧。

历史就是这样一个怪圈，福祸相倚。

傍晚时分，我们参观此次敦煌之行的最后一座洞窟——465窟。

给我们开车的驾驶员，是一位老司机，曾拉着省委书记来参观，但他们也没有进过465窟。

465窟是一座绝密之窟，我查的所有资料均未提及，以下所写全为我的记忆。

它位于石窟群最北的山崖上，用一把专用的钥匙开门，这把钥匙掌握在敦煌研究院院长手里。

窟前有专人警卫，饲养着两只纯种狼犬，虎视眈眈。因为465窟曾经失窃，故格外严加防范。

465窟供奉的是藏传佛教秘宗本尊神——欢喜佛，即佛教中的“欲天”、“爱神”，做男女二人裸身相抱之形。

攀上扶梯，打开铁锁紧闭的重门，神秘莫测的气息扑面而来。随着导游昏黄的手电灯柱，我们看清这是一座中等大小洞窟，四周斑驳古旧，显得很荒凉。当中原本塑有一尊欢喜佛雕像，解放初期就被捣毁了，现只遗有一个空台座。四壁画幅全为男女相拥图形，由于年代久远，色彩剥脱，轮廓已湮没不清，只见交叉的人体中伸出许多手脚，好像某种奇怪的生物。有一壁顶天立地画着很多这种形态的人体，仿佛一套广播体操的图

谱，却看不出具体所指。据说曾请来秘宗的许多高僧，希望他们能做出一番科学而合理的解释，但高僧们研究许久，也终没说出个所以然。我细细观察一番，觉得那似乎是某种功法或是修炼的图解。同别人讲这看法，人家说你可能是武侠小说看多了，以为这是秘诀呢。也许只是当年的匠人随笔勾勒出的，倒成了千古之谜。

墙上的壁画有被切去又复原的痕迹。465 窟的失窃曾使国内外舆论大哗。窃贼是从周围山崖上打了洞潜进的，用心可谓深也。不过很快就破了案，壁画又重新完整无缺。

走出 465 窟，正是当年乐僔和尚看到三危山放射灿烂金光的时刻。三危山“三峰耸峙，如危欲堕，故云三危”。它横亘于广袤无垠的瀚海之上，恰如三支直插云天的桅杆，它给予莫高窟的创建者以最初的灵感：在一片金碧辉煌之中，三峰奇迹般地化为庄严肃穆的三世佛，重重拥卫的小峰，顷刻之间化为弟子、菩萨以及天龙八部。湛蓝的天穹中飞舞着彩云、宝带，还有那美妙的箜篌、琵琶、羌笛……飞天漫舞，千佛拂空，一个富丽堂皇的仙境，展现在面前……

敦煌莫高窟是人类想象与智慧的结晶，在这大自然的胜景与人工艰苦卓绝的创造之间，我们深深地被震撼了。

25 大雁落脚的地方

小时候，妈妈偶尔说，你生在新疆巴岩岱。只听音，不知是哪几个字，在幼稚的心里，就以为是“八烟袋”，恍惚中觉得那地方是一块旷野，有很气派的大烟袋码成一排，八柱袅袅的白气上升。

我半岁时随父母到北京，在城墙里长大，再哪儿也没去过。人知道乡下的孩子易孤陋寡闻，其实京城的人于外面的世界，也一样模糊，对荒远的边疆地理知识几乎是零。几十年前，西北是远在天边的概念，那八个烟袋，谁知在哪个犄角旮旯冒烟呢！于是巴岩岱又湿又重地扎入我的童年记忆，像沉入墨水瓶底的一支蓝羽毛。

参军学了医，自从懂得了生理解剖生命起源，我对出生地空前地重视起来。我们从哪里来？这是一个永恒的命题。无数学者望洋兴叹，终生寻觅，不得其解。这个深奥的哲学问号，若从医学角度来说，倒是易如反掌。你的母亲孕育你的过程，她行走的地方，吃进的食物，饮入的清水，看过的流云，听到的小调……这些物质的精神的元素，累积着架构着混淆着镶嵌着，一秒秒一天天地结晶了你。

你就是你，不是其他的叶子和花，不是猪马羊和狼，不是沙粒和谷子，这其中一定有大逻辑。生命之所以奇异，在于一个个零件的精致组装。把那些新鲜的血和肉搭配起来的主宰者，是一个多么能干而霸道的调酒师啊！想想看，即使是称为你父亲的这一个男人，和被称为你母亲的这一个女人，在这一个特定的时刻孕育了你，如果不是在这一个特定的地域，用当地的特产充填了你生命的轮廓，你也必定不是此番模样。

我们挺拔的骨骼，来自那里飞禽走兽体中的钙和磷；我们明澈的目光，来自那里田野中绿缨垂地的硕壮胡萝卜；我们飘扬的发丝，来自那里山峦上乌云笼罩电光石火的黑夜；我们红润的嘴唇，来自那个铁匠铺里熊熊燃烧的烈焰……

出生地是一枚隐形金箍，出生的那一瞬，它就不动声色地套在了每个人的头上，叫你终生无法褪下。我们嗅到的第一缕空气，是那里的草木释放；我们喝到的第一滴甘泉，是那里的岩石沁出；我们看到的第一眼世界，是那里的风云变幻；我们听到的第一声响动，是那里的万物呼吸……

我开始缠着母亲，讲我出生的故事。母亲的记忆如雨中砖地上的红叶，零落但是鲜艳洁净，脉络清晰。她说，你出生在新疆伊宁，那是一座白杨之城。那里的白杨不像内地的白杨，有许多幽怨的眼睛。那里的白杨没有眼睛，每一棵都像银箭，无声地射向草原无边无际的天空。

母亲说，我出生在秋天，父亲在远方执行任务。母亲说，部队里成了家的男人和女人，平日都是分开住的。唯有到了节日，才是团聚的时刻。母亲说，大礼堂里，拉上许多白布帘子，分割成一个个独立小屋，那就是军人们的卧室了。母亲说，节日的黄昏，女人们早早就躺下了，在四周雪白的布笼中，悄悄地等待自己的丈夫。母亲说，夜深了，查哨归来的男人们，像潜入敌营一般，无声地在白布组成的巷道穿行，走到自己的属地，持枪的手，像雄鸟的喙一样衔开白帘，温暖地滑翔进去。

母亲说，部队里的孩子，就孕育在白布帘子背后，如果从礼堂的房顶看下去，那些布做的田野和畦，和如今冰箱里储藏冰水的塑料格子差不多。我忙问，我是那样来到的吗？母亲说，不是。因为职务，父亲和母亲享有一栋古老的俄式木屋。它高大凉爽，有宽宽的木廊。唯一美中不足的是，不知建于何年何月的地板，每当你脚步穿过的时候，就会和着你的节奏簌簌抖动。

母亲说，怀你的时候，父亲率领骑兵，要去远方。他把照顾母亲的担子，交给一个年长的警卫员，名叫小胖子。母亲说，那个兵，大约有四十岁吧？现在没有这样老的兵了，那时有。幸亏他的年纪比较大，要不这个世界上，可能就没有你了。

母亲说，整个怀孕期间，她完全吃不下寻常的食品，闻什么都吐，体重锐减。医生说再不补充营养，大人孩子都危险。小胖子很着急，他是四川人，会做饭，殚精竭虑地把能够想出的吃食，因陋就简地做出来。盛在大粗碗里，端上来让母亲闻闻，看哪一样能吃得下去。母亲对所有吃食，都大饥若饱，置若罔闻。终有一天，母亲嗅到一缕奇异的香味，不觉食欲大动，问小胖子，你吃什么呢？能不能让我也尝尝？小胖子说，我在喝野鸽子汤。

在俄式木屋不远处，有一座废弃的粮仓。粮仓高而窄的窗户，像古堡的透气孔。每天早晨，小胖子打开窗户，然后就忙自己的事去了。粮仓的地上，散落着陈年的苞谷粒，粮仓的每一寸墙壁，都蒸发着粮食干燥熏香的气息。铺天盖地的银灰色野鸽群飞来了，从窗口鱼贯而入。到了夕阳倾斜的辰光，小胖子突然从墙外关闭窗户，使粮仓没入黑暗，然后挥着一把大扫帚冲入门内，旋风般扑打，鸽羽纷飞……

怀你十月，我只吃了不到十斤的大米和一点野菜，剩下的营养，全靠野鸽子汤支撑。母亲很严肃地说。

我追问道，您一共吃了多少只野鸽子啊？

母亲想了想说，一天少说也有十只，几百天算下来，总有几千只了。

我大惊，愤愤地说，您也太能吃了，要是“绿色组织”知道了，会对您提出抗议的。

母亲纠正我说，不是我能吃，是你能吃。一旦生下你，我就再也不吃野鸽子了。

我说，不管怎么说，这数字也大得可怕，承受不起。我最

在新疆巴里坤

多只能承认自己是一千只野鸽子变的，再多，就是大罪孽了。

一想到自己平凡的生命之弦上，挂着千只野鸽，坠得心绪弯出弧形。一千对鸽翅，将是怎样一片掠过苍穹的翠蓝的云？一千只鸽鸣，将是怎样一曲缭绕云端刺入肺腑的歌？一千双鸽眼，将是怎样一束眺望远方洞穿云雾的光？一千堆鸽羽，将是怎样一片洁白的雪能融化万古寒冰？假如我这一生虚掷光阴，对不起造化，对不起自然，对不起我的父母，也对不起架构我生命的羽翼丰满飞翔不息的千朵生灵！

母亲临产的时候，父亲从营地骑马赶来。母亲已住进苏联人开的医院，躺在产床上，辗转反侧。病房不让父亲进去，父亲只好在医院病房的窗户上，久久地凝视着母亲。然后，一扬鞭，飞身上马，再赴疆场。

你第一次见到你父亲，已经是满月后。那时，你已是一个大孩子了。母亲说。然后，父亲又走了。母亲抱着我，住在古老的俄式木屋。夜里我爱哭，母亲就彻夜抱着我。母亲胆小，不敢点灯，就在漆黑的夜里，守我到天明。门口有一棵小榆树，树影在夜风里，像鬼魅一般伸缩着指爪。

无数次的讲述历史之后，我对母亲说，咱们回一趟新疆吧？去看木房子、小榆树和野鸽子。妈妈曼声应着，几乎不抱希望地说，好啊好啊，只是新疆太远，伊宁太远。

对话埋在土里，好像古墓中的莲子，酣睡着，不知何时才会绽成花？

1997 年夏秋，我和母亲同赴新疆，以结夙愿。母亲已近 70 高龄，当汽车翻越天山的时候，我十分紧张。那是一条年久失修的战备公路，已很少有人走。一边是壁立的狰狞悬崖，一边是千尺深渊。山顶的冰川，在炎热的八月，融化成无数道淋漓的小溪，从峰顶汩汩坠下。冰川就变得稀薄了，出现了亚麻般的网络，好像贫女洗涤多次的纱裙，自山顶逶迤而下，渐薄渐远，直到下缘融成一道暗赭色的湿边。我因为经历过西藏的险峻，不大惊惶，但一眼瞥见母亲，目不转睛地看着道路，心中突然升起浓浓的悔意。也许，我不该为了探寻自己的出生地，让高龄的母亲感受危险。

我悄声对母亲说，您害怕了？母亲说，有一点。我说，您当年从伊犁离开去北京的时候，难道没有翻越天山吗？怎么倒好像是第一次看到这种险峻呢？母亲说，那时，我怀抱你，没有看过一眼山，我一直在看你。

汽车驶近伊犁的时候，心怦怦跳，我对自己说，一定要大睁着眼睛，把记忆变得像一卷新录像带，事无巨细都拍下来，留着以后慢慢回味。

然而竟像中了魔，睡着了。年轻时在西藏当兵，久惯征程，无论坐多远的车，绝不睡觉。因为目睹了太多的车难，都是因为人睡着了，方失去了生命关头的最后一搏。惜命的我，因此从不乘车入睡，这一次，鬼使神差。

叫醒我的是一个猛烈的颠簸，已到新疆伊犁哈萨克自治州的首府伊宁市中心。满目是青苍的绿，高耸入云的绿，剑拔弩张的绿，刷刷作响的绿——高大矗立的伊犁杨！不长忧郁眼睛的伊犁杨！耳边听到母亲喃喃说，都认不出来了啊，哪里是当年的老房子？

在伊犁的日子里，母亲第一个也是最后的愿望，就是找到她和父亲住过的地方。我本来以为这不很难，就算地表建筑有了相当大的变化，但山川依旧，地名还在，只要踏破铁鞋，还怕找不到吗？

然而，我错了。伊宁发生了太大的变化，从母亲茫然的眼神里，我发现她记忆中的伊宁，仿佛是另外一个星球上的地方，同这方土地不搭界。赤日炎炎下，母亲说，那时漫天大雪啊，我坐着雪爬犁……我怀疑都是这季节闹的，大约应该在隆冬来。白雪的城市和青杨的城市，永远无法重叠。

我帮母亲梳理头绪。母亲说，老房子的周围有一家飞机场。我想这是一个显著的目标，《伊犁河》的编辑热诚相助，第二天一大早，带着我们照直奔机场而去，绕着机场转了三圈，不

想母亲对那里的地形地物毫无反应，说，房前还有一条河，房后还有一座山，这里一马平川，不是啊不是。我说，机场吗，当然是平的了，也许是修机场的时候，把山平了，把河填了？

母亲不置可否，看得出，她不信服我的解释。找来机场的工作人员，向他打听这里原先的地形，以证明我的猜测。没想到他肯定地说，这里没有山，也没有河。从来没有。我看，老人家说的那个机场，不是我们这个机场。你母亲50年代初期就离开伊犁，那时这座机场的图纸还没画出来呢。

于是有了老机场的悬念。

我们又驱车去巴岩岱。这是一个赫赫有名的地方，几乎每个伊犁人都知道，但当我细究这地名是什么意思的时候，又谁都说不清楚。巴岩岱是一个小镇，我们的车缓缓驶过，好像在检阅路旁古旧的土屋和新的建筑。我不断地问母亲，是了吗？想起一点了吗？母亲总是漠然地摇头。

新疆小镇特有的十字形短街，很快就被车轮丈量完了。往回开，再走一遍，我对司机说。正在修路，地表的积土和晒干的驴粪，化作旋风样的灰尘，快乐地裹挟在车的后方，像赭黄色的陈旧面纱，把巴岩岱半掩半藏，母亲索性走下车去，期望巴岩岱的土地，会直接告诉她点什么。

亚洲腹地的太阳，从公路上方，几乎垂直地击穿颅顶，把灼热和焦躁注入思维。随着车轮的反复碾轧，母亲的迟疑已经延展为沮丧。我的记性真的这么糟了吗？不对啊，我怎么一点儿也想不起来了？就算房子被拆了，山也被削平了吗？还有那条河？河边的柳树呢？母亲低声自语，愤愤不平，仿佛要同历史讨一个说法。

四周悄悄，母亲已经离开这里44年了，没有人负责回答她陈旧的问号。我妄想开动我的直觉，像猎狗一样四处巡视。但是可悲啊，我的神经末梢，对这片苍翠的原野，毫无反应，同一路上翻越天山跋涉北疆所见过的任何相似景色一样，只是淡淡地欣赏。

我决定放弃寻找，不论是巴岩岱还是八烟袋，这样对她老人家的压力可能轻些。我说，有很多归国的老华侨，都找不到自己的家，不是您记性不好，是这个世界变化太快。母亲不理我的油嘴滑舌，继续苦苦地凝视巴岩岱。一车人都跟着焦急，我于是拉着母亲走到一处风景秀丽的小渠，对随行的记者说，麻烦您给我和母亲合张影，这里就是巴岩岱。

母亲不服，说，你那时什么都不记得，凭什么说这里就是巴岩岱？我说，您倒是记得，可您的巴岩岱在哪里？这里怎么就不是？为了更有说服力，我拦住过路的一个穿袷袢的维吾尔老人，问，这里吗，叫什么名字？

那老人汉语不很通，眯着因为老而变作灰蓝的眼珠看着我，不答话。我干脆直奔主题，用手在身旁画了一个大圆，然后说——巴岩岱？他好像遇到故知，快乐地重复：巴岩岱，巴岩岱！

我面对母亲，怎么样？这里就是巴岩岱。于是我和母亲，在我所指定的我的出生地，照了几张相。平心而论，四周景色不错。草原在午后阳光下灼热地呼吸，波光粼粼，犹如晃动着自九天而下的玄紫色纱幕。脚旁的小草，像无数神奇的吸管，把苍黄大地的水分，变成了绿色油漆，不慌不忙地涂抹在自己向阳的叶面上。也许是颜料不够，叶子背面就比较马虎，涂得清淡些，露了霜白的底色。野花英勇地高举着花茎，把小小的花盘，骄傲地迸裂到近乎水平的角度，竭力把自己的美丽一面展示出来。好似一个细胳膊的小伙子，一往情深地仰着脸，向蓝天求爱。虽结局不一定乐观，仍充满了令人感动的柔肠。

我很中意此地的风景。母亲不再吭声，那神情分明在说，这里虽然好，但不是你出生的地方，可你硬说是，那就是吧。

回宿处的时候，母亲说，你出生的那家医院，总是应该能找到的。她的神气很执着，好像已被我掺进一个赝品，这家医院一定要货真价实。

那家医院还在，但已改造得面目全非。眼前是和普通医院一样高大而四通八达的主楼，熙熙攘攘的愁眉苦脸捏着药袋的杂色人流和飘逸的白衣。我和母亲在药气汗气中穿行，问一个护士，这个医院当年的妇产科在哪里？那个护士匆匆走着，一边走一边丢着话，你要问现在的妇产科，我告诉你，要是问原来的，谁知道？

连续问了好几个人，都被干脆地回绝。母亲一脸的茫然，也许昨天我的指鹿为马刺激了她，她不愿再无望地寻找，对我说，我们走吧，即使找到了医院，也找不到你爸爸看我的那扇窗户了。

我便依偎着母亲，慢慢向医院的大门走去。就在这一瞬间，千真万确地，我听到血脉深处剧烈的叹息，心被攥紧又松开，痛得窒息。

我果决地对母亲说，请随我来。不由分说地牵了她，向一个我也说不清的方向，义无反顾地走去。人很多，不停地碰撞，我急速穿梭，不住口地说着对不起，宛若行进在旷野杂草间。碰到的人不再有鼻子有眼睛，只是一些木桩。七折八拐，在厚厚的树丛之后，看到僻静处有一栋老木屋。

它在绿篱中蹲踞着，好似千年蘑菇。自屋顶冲刷而下的杏色雨迹，仿佛岁月的鞭痕，略有弯曲，在木疤处拐了一个小弯，依然执拗地向下。

我的血翻起泡沫，激烈地鼓荡着。看——就是那扇木窗！我握着母亲的手大叫。那一刻，感到彼此的肌肤，在盛夏里冰冷如雪。

在木屋的中间，有一扇木窗。木窗和它宽大的窗台，漆色斑驳地幽闭着，锁定 45 年前一位戍边的将领和最初的父亲久驻的目光。

是吗？是这里吗？母亲轻声反问着，伏在窗棂上，处处抚摸，好像那里还遗有军衣的擦痕。俯身比量着询望屋内的角度，好像父亲的视线，还如探照光柱一般，笔直地悬浮空中。我僵僵地立着，感觉时光顺流与逆流的波纹。

还须确认。无人知晓数十年前此地的格局。终于找到一位维吾尔族老人，捋着飘拂的白胡须说，半个世纪以前吗，这里是苏联人开的医院。后来吗，都拆了，盖了新的楼了。现在吗，只剩这最后的屋檐，原先是专门接娃娃的房……

我长久凝视窗户，时间隧道，一身戎装的父亲，牵着他的战马，屹立远方。

母亲说,连我都认不出的地方,孩子,怎么就像有丝绳拽着,你一下走到这里？我说，妈妈，不要忘了，我也来过这里。在我的记忆深处，我记得这条路。这里是我第一眼看到的世界。

到了临离开伊犁的前一天，母亲有些不好意思地对我说，我还想找找那座老房子。我说，还去巴岩岱吗？母亲说，不了，就让车在伊宁街上随便转吧，也许突然就看到了，也说不定。

我实在不知如何再向主人提出要求，为了老房子，我们已麻烦人家多次。但伊犁州公安局的李局长说，老人家来伊犁不容易啊，今生今世也许最后一次了，说什么也要找到这个地方，于是他派出了局里最有经验的侦察员帮助我们。

老王瘦而干练，目光鹰隼一样锐利，像搜索逃犯一般，开始详尽地了解情况。您敢肯定门前那是一条河，不是一条渠？新疆的渠沟很多,有的也很宽,波涛滚滚的。老王抽着莫合烟说。

是河，因为它是弯弯曲曲的，人修的渠是取直的。岸边有很粗而疙疙瘩瘩的树，老树，树叶落在水上。母亲说。

您的记忆很肯定，附近有一座山？

小山，不高。肯定有，在河的北面。母亲说。

老王站起身来，说咱们走吧，我已经知道那大概的方向了。

我和母亲半信半疑地跟着老王上了车，他对司机低语了一声，车就飞快地沿着白杨大道驶去。

到了一处疏朗的房舍，周围有不浓不密的林子，地面有些残存的鹅卵石，像半睁半闭的疑惑之眼。

其后发生的事，恍若慢镜头。母亲一跃下了车，踢着那些鹅卵石，飞快地向远处的房舍走去。我想紧跟上，老王示意我拉开距离，以给母亲一个独立回忆的空间。于是，放她苍凉地一人走向往事，我们默默地跟随。母亲举步如飞，跑到一所孤独的木屋旁，目光如啄木鸟，从地基敲到檐顶，然后又一寸寸地凿下，好像要把那些木棂中的年轮剥出来。

我以为母亲会说什么，结果她什么也没说，就倒着身子，退开了。我忙凑过去，没想到她又疾步走上前去，我紧跟，听到了她对木屋说的话——你怎么比原来变矮了？哦，是了，我们都老啦！

母亲拉着我的手，登上木屋的台阶。那台阶吱吱扭扭响着，这声音亲热地召唤母亲，从她的耳鼓潮水般地蔓延开去，扩展到整个身心。

这是一座说不上年代的俄式建筑，当年不知漆过何种颜色的油漆，现在已完全脱落，连绿豆大的一点遗迹都不曾留下。每一寸木纹都裸露着，好像森林老人住的原木房子。高高的挑檐，抗拒着岁月的磨损，依旧尖锐地飞翔着，几乎把草原湛蓝的天空刮出伤痕。檐口的滴水槽已经残破，水线蜿蜒，好像一把用旧的木锨还牵着淋漓的泥浆。屋顶上小塔式的烟囱半边坍塌，露出被壁炉焰火熏黑又被风雨漂白的栗色。悬山的边缘已成锯齿，唯有山墙像倔强老人的脊背，昂然挺立着。阳台的栏杆，有美丽的螺旋状丝纹，不可思议地保持着精致的形态，透出当年的华丽。游廊很宽敞，木地板由于多年无数双鞋的摩擦，生出短而茸的木刺，在舒缓的木弧中被浮土半遮半掩。

一把大锁禁锢着历史。母亲紧张地扒着门缝向里张望，如同孩童。老王不知用了什么办法，找来一个全副武装的士兵，开了门。原来这里和半个世纪以前一样，是军队的产业。

木屋的中央是气势宏大的客厅，虽堆满杂物，仍看出往日的磅礴。四周是布局严谨的小房间，年代久远，已察不出主人修造时的匠心。我们在灰尘中走动，搅起呛人的烟尘。母亲的目光如蛛网一般，打捞着游动的往事。她一定是看到了我所无法窥视的影像，与那时年轻的自己对话。

你好啊！老房子，我来看你来了。你还记得我吗？这就是当年那个爱哭的孩子啊！我们一道从北京来看你，你还记得我们吗？母亲拍打着积满青灰的栏杆，对着空中自语。

我和母亲拉开一米远近，怕惊扰了她的思绪。没想到母亲执意拉着我，好像面对久久不见的亲戚，不停述说——那里，就是我睡的床，抱着你，坐在床上。那些夜晚，总也盼不到天亮……她指着一个堆满军械的角落——那里，就是小胖子煮野鸽子汤的地方。她指着回廊的拐角处。你该叫他小胖子叔叔的，要是没有他的好心，这世界也许就没有了你。他如果还在世，该有 80 岁了——那里，就是整夜摇晃的小榆树啊，天！它长得这么高，成了老榆树了……她指着窗口处的树枝，我眨眨眼，看到那树应声弹下几斑苍凉的绿泪。

木地板在我们的脚下波动。我问母亲说，它们是不是晃得更厉害了？母亲说，没有，它们和以前一模一样。真奇怪。哦，对了，人是熬不过木头的。

那位开锁的士兵，从我们的对话中明白了原委，恍然大悟道，啊，我知道啦！你们想它了，就从北京赶来看它。你们来得正好，再有一个星期，它就被卸成一堆木板。

在城市建设的整体规划中，已几次动议拆除这老屋，不料每次临动手的时候，就出些意外的变故，阻止了工程。这一次，推土机已备好，再不会拖延了。

啊，我明白了。老屋一直在等着我们，等着母亲布满褐斑的手最后的抚摸。等待当年的孩子，再看一眼它斑驳的木纹。山不在了，河不在了，但老屋尚在，与我们母女相会于它生命的夕照里。

老王后来告诉我，50 年代，贯穿伊宁市的河流只有两条，背后依山的就是这条河。后来，城市变迁，山被砍平，填了河床，地表上的旧貌已杳无音信。此地原来确属巴岩岱管辖，但行政区划几经变更，如今已归属市区，难怪母亲在巴岩岱百寻不到了。

我们依依不舍地告别老屋，我从摇曳的榆树上摘下几片树叶，从地上掬了一抔黄土。我会把它置于父亲的墓前，我猜他会在有月亮的晚上，轻轻地闻着树叶，用手指捻着黄土纷纷落下。父亲一生戎马生涯，他眷恋他骑马挎枪走过的地方。

母亲安宁了，好像同我交割清了生命的最后一笔账目，我却接过一副沉重的挽具。你已知道生命的源头，你不由得张望生命的尽头，心中惴惴。当你有朝一日，一切归于永恒，背负黄土，仰望星空，检点一生：毕淑敏啊，你可对得起三千银翅、一蓬绿荫、古旧的木纹，和一个名叫小胖子的老兵？！

离开新疆前，我应邀作了一场讲演。主题发言以后，我说，我有一个私人问题，求助大家。我出生在伊宁巴岩岱，我不知巴岩岱是什么意思？谁能帮我解答？不一会儿，纸条递上来了，说："巴岩岱是蒙古语，意思是——大雁落脚的地方。可惜大雁落脚又飞走了，你何年再回新疆？"

我一时热泪盈眶。新疆是我生命的始发站，只要我还在天际运行，无论飘到何方，都会像彗星回归。

又传上来一张标着"新疆大学"的纸条，上书："我们几位伊宁人，想把自己的家腾出来，为你建一间文学馆，让天下的人们都记得，伊宁出了个你。"

我沉吟，为着家乡人的热忱。半晌，我说，毕淑敏何德何能，能承受伊宁人的如此盛情？我的老乡们，听我一句话，自家的房子，还是好好装修，住得宽敞一些为好。如果实在空闲，就开一个小饭铺，卖手抓羊肉和伊犁草原上的马奶酒吧！那是天地的精灵。

（京）新登字 083 号

图书在版编目（CIP）数据

出发和遇见 / 毕淑敏著 .—北京：中国青年出版社，2015.1
ISBN 978-7-5153-2899-7

I. ①出… II. ①毕… III. ①随笔 – 作品集 – 中国 – 当代 IV. ① I267.1

中国版本图书馆 CIP 数据核字（2014）第 253009 号

出发和遇见

毕淑敏 著

责任编辑：李钊平 彭慧芝
内文插图：孔 雀
装帧设计：后声 HOPESOUND
出版发行：中国青年出版社
社 址：北京东四十二条 21 号
网 址：www.cyp.com.cn
编辑中心：010-57350371
营销中心：010-57350370
印 装：三河市君旺印务有限公司
经 销：新华书店
规 格：880 mm × 1230 mm 1/32
印 张：9
字 数：200 千
版 次：2015 年 1 月北京第 1 版
印 次：2015 年 4 月河北第 2 次印刷
印 数：20001–27000 册
定 价：32.00 元

青年文摘图书中心精品书目

青年文摘白金作家系列

《我相信中国的未来》（梁晓声 著）

定价：39元（平装）58元（精装）

《女生，我悄悄对你说》（毕淑敏 著）

《男生，我大声对你说》（毕淑敏 著）

定价：32 元（单册）64 元（套装）

《跨越百年的美丽》（梁衡 著）

定价：36 元（平装）48 元（精装）

青年文摘彩虹书系·第一辑

《亲爱的玛嘉烈》（恋情卷）

《年轻总免不了一场颠沛流离》（青春卷）

《别在能吃苦的时候选择安逸》（人生卷）

《谢谢你，让我成为更好的人》（智慧卷）

《成为所有地方的所有人》（旅行卷）

《每个人都有泪流满面的秘密》（暖爱卷）

《内心没有方向，去哪儿都是逃离》（励志卷）

定价：28 元（单册）196 元（套装）

青年文摘典藏系列·第一辑

《成为世界的光》（励志卷）

《爱吧，就像没有痛过》（爱情卷）

《平流层的小樱桃》（成长卷）

《生命灿烂如花》（人生卷）

《在有限的人生彼此相依》（温情卷）

《推开虚掩的智慧之门》（哲思卷）

定价：22 元（单册）132 元（套装）

青年文摘典藏系列·第二辑

《那段奋不顾身的日子，叫青春》（成长卷）

《当我已经知道爱》（爱情卷）

《赠我一段逆流路》（励志卷）

《爱是永不止息》（温情卷）

《梦想照耀未来》（人生卷）

《生命从不绝望》（哲思卷）

定价：22 元（单册）132 元（套装）

青年文摘 30 年典藏本

《赢这场人生旅程》（人生卷）

《比爱更爱你》（恋情卷）

《独一无二的柠檬》（成长卷）

《谁在尘世温暖你》（情感卷）

《动听的花园》（随笔卷）

定价：27 元（单册）

当当网、亚马逊、京东网、淘宝网及各大新华书店均有销售　青年文摘　中国青年出版社

青年文摘图书中心 电话：010-57350371 邮箱：qnwzbc@163.com 新浪微博：http://weibo.com/qnwzbook 腾讯微博：http://t.qq.com/qnwzbook